일등 조직을 만드는
행복한 리더의 습관

이승봉

일등 조직을 만드는
행복한 리더의 습관

초판 1쇄 인쇄 2016년 11월 17일
초판 2쇄 인쇄 2016년 12월 24일
지은이 이승봉
펴낸이 이승훈
펴낸곳 해드림출판사
주 소 서울 영등포구 경인로82길 3-4(문래동1가 39)
         센터플러스빌딩 1004호(우편 07371)
전 화 02-2612-5552
팩 스 02-2688-5568
E-mail jlee5059@hanmail.net

등록번호 제87-2007-000011호
등록일자 2007년 5월 4일

* 책값은 표지에 있습니다
* 잘못된 책은 바꿔드립니다

ISBN 979-11-5634-163-5

편집 디자인 : 이정규, 표지 디자인 : 박수민

일등 조직을 만드는

행복한 리더의 습관

이승봉 지음

조직의 성과는 리더의 진정성이다

지점 경영자의
성과 창출을 위한
효과적인 경영 프로젝트!

해드림출판사

PROLOG

조직을 경영하는데
도움이 되었으면 하는 바람

젊은 시절, 인간의 발전에 대하여 고민을 했다.

과연 '인간은 발전하는 것인가?'

아직도 정답을 찾지는 못했지만 지금까지 생각은 '인간의 발전은 쉬운 것이 아니다. 사람은 잘 바뀌지 않는다.'가 잠정적 결론이다. 인간이 발전적으로 변화하려면, 스스로 각고의 노력을 통하여 본인이 가지고 있는 습관을 좋은 습관으로 바꿔야 한다.

고등학교 때 친구들을 보면 개인의 인성적 습관은 쉽게 변하지 않는다는 사실을 알게 된다. 스타일이 다른 두 친구가 있었다. 자신을 드러내느라 겉멋이 든 친구는, 당시 고 1학년 수준에는 맞지 않은 영어 학습지를 팔에 끼고 학교 복도를 다니면서 폼을 잡았다. 또 한 친구는 시험을 치고 나면 결과적으로 좋은 성적을 받았음에도 매번 우는소리를 하였다. 이 두 친구는 지금 50살이 넘은 나이가 되어도 말과 행동의 습관적 행동은 변하지 않고 그대로이다.

스티븐 코비의 저서『성공하는 사람들의 7가지 습관』을 역설적으로 말하면, 사람이 7가지 습관만 가지면 성공할 수 있다는 것이다. '인간 발전'의 원초적인 개념을 이해하면서 철저한 리더의 마인드로 조직을 경영한다면 보다 높은 시각에서 조직을 볼 수 있고 자신을 수양해 가는데도 지혜로움을 얻을 것이다.

매년 금융권에서는 한국에서 배출하는 대학 졸업생과 해외 유학생 중 성적이 매우 우수한 사람을 채용한다. 따라서 이런 사람들이 금융권을 퇴직(졸업)하는 시점이 되면 인생 경험과 직장생활의 노하우 등으로 더 많은 사회적 기여를 할 수 있는 재목이 되어야 하는데 실상은 그렇지 않은 경우를 본다. 고객을 상대로 다양한 세파를 간접경험하였음에도 현실적 사회(경제) 활동에는 특별한 돌파구를 찾지 못한 채 어려움을 겪는 사람들이 적잖은 것이다.

　우리가 독서를 하는 이유는 책 속의 논리와 지혜로움으로 간접 경험을 통하여 내 생각을 넓히고, 때론 잘못된 내 생각과 습관을 고쳐나가기 위함이다. 따라서 오랜 직장생활을 하는 동안 자기 일에 대한 몰입적 자세와 완벽한 업무 처리를 위한 노력 속에서 통찰력과 직관력을 육성한다면 어디서 무엇을 하든지 성공할 수 있는 황금의 KEY를 가질 수 있다고 생각한다.

　특히 지점장은 조직을 경영하는 리더로서 직원들과 관계, 목표 달성을 위한 노력과 방법, 대외적으로 고객과의 관계 등을 통하여 다양한 것을 경험하고 얻을 수 있는 보물상자와 같은 자리이다. 본인 스스로 어떻게 생각하고 노력하는가에 따라서 인간의 격(格)이 달라지게 된다.

　단위 조직의 장으로 발령받아 지점을 경영하게 되면, 이제껏 생활해 온 직장이지만 무엇을 어떻게 시작해야 하는지 걱정하게 되고 남다른 책임감으로 많은 고민을 하게 된다. 하지만 지점 단위 조직의 경영에 관해 체계적으로 정리된 자료가 없어 난감해하는 지점장들을 보면서 이 책을 쓰게 되었다. 비록 지점 경영의 완벽한 내용은 아니지만, 이 책을 참고로 경영에 대한 힌트를 얻는 데 도움이 되길 바라면서, 또한 탁월한 조직을 만들기 위한 조그마한 보탬이 되었으면 한다.

요즘과 같은 정보의 홍수 시대에는 '무엇을 하는 것'보다는 '어떻게 하는냐?'가 성공할 수 있는 원초가 되는 것이다. 지점 경영도 성과 창출을 위하여 첫째, 리더로서 어떠한 마인드를 가지고 어떻게 행동할 것인가? 둘째, 직원들과의 인간관계를 어떻게 할 것인가? 셋째, 성과 창출을 위하여 무엇을 어떻게 추진할 것인가? 넷째, 고객에 대한 서비스도 어떻게 향상시켜 나갈 것인가? 등에 대하여 몇 가지 방법론을 이 책에서 기술하였다. 단순한 내용적 팩트가 중요한 것이 아니니 지혜로운 통찰력으로 읽어 주면 좋겠다.

예수의 12제자 중에서 유다와 같은 배신자가 있듯이 조직의 흥망성쇠의 근본에는 사람이 있다. 조직을 경영하는 가장 핵심은, 함께 생활하는 직원들과 신뢰와 공감대를 넓혀 갈 수 있도록 리더가 진정성을 가지고 솔선수범하여 조직 발전을 위해 혼신의 노력을 한다면 직원들도 이런 모습을 보고 배우면서 성공의 값진 경험을 공유하게 된다는 점이다.

예전과 달리 요즘에는 해외 프로구단에서 뛰는 축구선수들이 많다. 많은 선수가 이처럼 해외로 진출하게 된 터닝포인트는 히딩크 감독이 이끈 2002년 월드컵 축구 이후이다.

축구에 대한 탁월한 지도자 한 명이 이렇게 우수하고 훌륭한 선수들을 배출하는데 밑거름이 된 것이다. 마찬가지로 지점장은 리더의 위치에서 경영의 마인드와 실천을 통하여 본인도 발전하고, 멋진 후배들을 육성할 수 있는 핵심 포인트에 있다는 자긍심과 사명감을 깊이 인식하고 노력해야 한다.

이 책을 펴내는데 나름대로 용기가 필요했다. 어떻게 보면 대부분의 지점장들이 알고 있는 내용이고 현재 영업 현장에서 실천하고 있지만, 지점 경영에 대하여 '리더의 마인드', '리더의 행동 방식'과 '직원들의 역량과 열정을 모을 수 있는 방법' 그리고 '영업에 대한 노력' 등을 정리하였으므로 필요할 때 다시 한 번 읽어 보며 도움이 되었으면 하는 마음에서 출판을 결정하게 되었다.

인생에 정답이 없듯이 지점장과 지점 경영에 대하여 정답은 없다. 가장 바람직한 모습은 지점 경영의 CEO로서 멋진 리더의 역량을 마음껏 발휘하여 활력 넘치는 조직을 경영하는 것이다. 아울러 직원들과 영원히 남을 아름다운 추억을 공유하고 개인적으로도 세상 삶에 대한 지혜로움을 얻는다면 최고의 선물로 생각된다.

이 책이 멋진 꽃을 피울 수 있는 밑거름이 되길 기대한다.

2016년 10월

이승봉

PROLOG
조직을 경영하는데 도움이 되었으면 하는 바람   04

1부

01. 리더의 진정성   16

02. 목표에 대한 핵심 내용을 명료하게   24

03. 힘들고 마음이 아파도 100% 긍정의 마인드   32

04. 업무 성과에 대한 브리핑   38

05. 직원 육성의 보람   44

06. CEO로서 자존심과 자긍심   51

07. 강한 인내심이 성공을 부른다   56

08. 고독을 즐기자   62

09. 스스로 하겠다고 생각하면 편하다   67

2부

01. 직원들의 역량   74

02. 직원들의 마인드   88

03. 조직의 탄력성   97

04. 직원들의 유대감(1)   101

05. 직원들의 유대감(2)   109

06. 목표 달성 의지를 강렬하게   116

07. 자신감을 높이고 도전하자   122

08. 자신의 일에 100% 몰입   127

3부

01. 생각의 근육을 키우자	140
02. 일하는 즐거움을 만들어 보자	147
03. 조직 문화를 자유롭게, 즐겁게	151
04. 수신제가 치국평천하	156
05. 인사 자세에 마인드가 숨어 있다	161
06. 명료한 포상과 시상	165
07. 청소를 하면서 주인이 된다	170
08. 고객서비스(CS)는 직원 마인드의 토양	173

4부

01. 현장(창구)에 답이 있다 181

05. 보람된 도전을 하자 187

03. 주요 고객에 대한 인사는 전략적으로 192

04. 고객과 릴레이션십을 강화 196

05. 영업의 기본은 약정기일 도래 고객의 관리 201

06. DB(Data Base) System 활용 206

07. 비대면(非對面) 영업에 아이디어 집중 210

08. 끝까지 물고 늘어져라 215

01. 리더의 진정성

02. 목표에 대한 핵심 내용을 명료하게

03. 힘들고 마음이 아파도 100% 긍정의 마인드

04. 업무 성과에 대한 브리핑

05. 직원 육성의 보람

06. CEO로서 자존심과 자긍심

07. 강한 인내심이 성공을 부른다

08. 고독을 즐기자

09. 스스로 하겠다고 생각하면 편하다

1부

01. 리더의 진정성

많은 경영 서적에서 리더의 진정성을 이야기하고 있다. 진정성을 어떻게 설명할 것인가? 진정성은 리더가 가지고 있는 권력, 직위, 나이와 관계없이 인간으로서 가지는 양심이다. 이 양심은 보통 사람들이 가지는 일반적인 상식을 기반으로 한 것이라야 한다. 때로는 자신의 과거 경험에서 나오는 편협성, 주관적 에고이즘 그리고 종교적 방편 등으로 자신의 양심을 포장하고 가공하여 합리화시키는 것은 진정성이라고 말할 수 없다.

진정성을 측정하고 판별하는 방법에는 머리(생각), 입(말, 언행), 가슴(애정) 그리고 발(행동)이다. 이 4가지가 하나로 통일될 경우에 진정성이 있다고 말할 수 있다.

즉 사위일체(四位一體)가 되어야만 진정성을 평가할 수 있으며, 이 가운데 하나라도 빠지면 진정성이 없는 것이다. 진정성 있는 행동은 직원들만이 지켜야 하는 덕목이 아니다. 리더는 진정성 있는 사위일체적 노력을 통하여 직원들에게 솔선수범을 보여야 한다. 지점이라는 조직 공간에서 함께 생활하는 직원들은 리더인 지점장의 진정성을 무의식 상태에서도 민감하게 받아들이며, 깊이 있게 인식하고 있다. 따라서 간절한 진정성이 리더와 직원들의 신뢰감을 높이는 유일한 방법이다.

'진정성'을 풀어서 이해해 보자

머리(생각)는, 항상 긍정적인 사고(思考)를 유지하면서 완벽을 추구하겠다는 절박한 의지로 다양한 방법론을 가지고 최선의 방식을 찾으려는 고뇌적 과정을 겪어야 한다는 것이다.

입(말, 언행)은, 긍정적인 생각에서 긍정적인 말이 나오듯이 어떤 사실에 대해 그 핵심을 명료하게 전달하면서도 사용하는 언어들이 긍정적이고 가슴 속 따뜻함이 배어 있는 말을 사용하는 것이 좋다. 상대방(부하 직원)에게 듣기 좋은 말만 하라는 것이 아니다. 때로는 질책과 채근을 할 수 있다. 다만 이 때에도 따뜻함을 잃지 않고 애정이 깃들여 있는 표현을 한다면 부하 직원들도 충분히 이해하고 마음으로 받아들인다.

가슴(애정)은, 사랑을 표현하듯 가슴속 따뜻함과 진실성을 담아서 일과 사람을 대해야 한다. 비록 직원에게 업무적으로 심한 질책을 하더라도 진정한 애정을 품고 있다면 직원은 리더의 진정성을 거부감 없이 받아들이고 본질적 변화를 추구한다. 리더는 항상 서번트(Servant)적 리더십과 같은 애정의 마인드가 충만해야 한다.

발(행동)은, 실천이고 실행이다. 앞서 말한 머리와 입과 가슴이 아무리 진정성을 가졌다고 해도 행동을 통하여 구체적으로 표현되지 않으면 진정성으로 인정받을 수 없다.

예를 들면 걸음마를 배우는 아기가 엄마와 아빠가 손뼉 치는 곳으로 갈 때 어디로 갈지 갈등을 한다. 엄마도 좋고 아빠도 좋은데 발걸음을 엄마 쪽으로 돌리면 아기의 진정성은 아빠보다는 엄마가 좋은 것이다.

진정성은 양심을 바탕으로 하는 인격이다. 따라서 인격은 나이와 직급과 직책과 아무런 상관관계가 없다. 세상 삶의 경륜이 묻어 있는 나이에 적합한 직책과 직급 그리고 높은 인격을 가졌다면 제일 좋은 것이다. 하지만 언론을 통하여 직위 높은 사람들의 비양심적 행동을 뉴스로 보듯이 그렇지 않은 예도 있다. 특히 우리나라의 유교적 사회 개념에서. 나이가 많아지면 당연히 인격이 높아지는 것으로 착각하는 경우가 있다. 그리고 직책이 높으면 인격이 높을 것으로 혼동하는 예도 많다. 자기 스스로 노력으로 세월의 경륜과 함께 진정성 있는 행동들이 모여서 인격을 높이는 것이다. 비록 나이가 젊은 직원이라도 세상 삶에 경험은 적지만 인격은 더 높을 수 있다.

많은 조직은 연초 행사에서 급변하는 시장 상황에 살아남기 위해 경영적 측면에서 '혁신', '개혁', '크리에이티브'를 외치고 있다. 하지만 이런 구호를 진정성 있게 실천하려는 의지와 행동적 노력은 매우 낮다는 사례를 듣게 된다.
구호는 멋지게 만들었으나 실제 현실에서는 '관례대로 합시다.', '이제껏 전례가 없어서…', '다른 지점과 형평성 때문에…' 등의 말로 실천적 노력을 무력화시킨다. 결국, 연초에 결의한 혁신은 사라진 채 어느 것 하나 새롭게 추진되지 못하는 경우를 자주 보았다.

많은 조직에서 소통의 중요성을 강조하고 있으나, 진정성이 결여된 소통은 시간 낭비와 괴리감만 느끼게 된다.

회사마다 기업의 가치관을 정립한 미션(Mission)과 핵심가치(Core Value)와 비전(Vision)을 가지고 있다. 그런데 조직의 규모가 커지고 구성원이 늘어나면 기업의 기본적 가치관 실현을 위한 노력보다 업무 담당자부터 경영자까지 현안의 업무 정의와 현상에 대한 적합성에 매몰되어 창업 시 수립한 높은 기업의 가치관이 점차 망실되어 간다. 따라서 매년 연초에 작성되는 경영 슬로건을 만들 때 전 직원이 진정성 있게 실천할 수 있는 핵심적 세부사항도 명시하여 공감대와 실천적 행동을 하나로 가져갈 필요가 있다.

한 조직의 리더는 본인이 가지고 있는 진정성을 표현하는데 충실해야 하지만 직원들의 진정성을 볼 수 있는 능력도 갖춰야 한다. '말이 비단이다.'라는 말이 있듯이 조직 내에서는 말 잘하는 사람이 얼마나 많은가? 이런저런 논리를 앞세워 안 되는 사유를 설명하고, 핑계를 정당화하고, 끝까지 노력하지 않은 구실을 만들어 낸다. 진정성이 낮은 직원들이 리더와 인간적 관계에서, 조직 목표 달성을 위한 노력적 측면의 진정성을 높여 갈 수 있도록 지속적인 관심과 노력이 필요하다.

사례를 들면, 선임 책임자에게 지점 야유회 일자를 직원들과 상의하여 정하라고 했다. 대부분 직원들이 두 번째 토요일이 좋다고 했지만, 선임 책임자는 여러 가지 사유(일기예보, 직원들 평가시험 등)로 세 번째 토요일을 고집하였다. 리더가 일기예보 등 사실적 자료를 가지고 따져서 묻자 결과적으로는 선임 책임자 집안에 결혼식이 있어서 두 번째 토요일은 참석이 불가능한 것이다. 리더가 현명하고 똑똑하지 못하면 잘못된 보고에 휘둘리게 되고 이런 피해는 전 직원에게 영향을 미치게 된다.

리더인 지점장이 높은 진정성을 가지고 있다는 것은 매우 중요하고 훌륭한 인품을 지녔다는 의미이다. 리더가 진정성을 가져야 직원들에게도 진정성 있는 행동과 노력을 요구할 수 있다. 아울러 직원들의 진정성을 파악하려고 노력하는 것도 지점 경영에 필수 항목이다.

예를 들면 모 부서에서 선임 직원의 승진에 대하여 부서원 모두가 지대한 관심을 가지고 있었지만, 승진이 되지 않았다. 부서를 책임지고 있는 부장으로서는 전 직원의 사기가 떨어지는 것을 예방하기 위하여 자신이 '선임 직원의 승진에 대하여 많은 노력을 하였지만, 결과가 좋지 않다.'는 말을 했다. 하지만 사실은 반대이다. 부장으로서 같이 근무하는 직원의 승진에 노력을 하지 않았다는 비난이 예상되어서 임기응변으로 말한 것이다. 이런 할리우드 액션을 직원들이 알고 있다면 이 조직의 발전은 한계점에 부딪히게 된다.

오히려 기존의 작은 신뢰감마저 무너져 버린다. 오히려 솔직하게 이번 승진은 부서의 특별 사안으로 인하여 노력을 못했지만, 다음 승진인사에는 각별 노력하겠다는 양심적 말이 부서원들의 마음을 모으는 데 도움이 될 것이다.

*서번트 리더십 (Servant leadership)

 부하에게 목표를 공유하고 부하들의 성장을 도모하면서 리더와 부하 간의 신뢰를 형성시켜 궁극적으로 조직 성과를 달성하게 하는 리더십이다. 서번트 리더십은 리더가 부하를 섬기는 자세로 그들의 성장과 발전을 돕고 조직 목표 달성에 부하 스스로 기여하도록 만든다.

02. 목표에 대한 핵심 내용을 명료하게

은행이라는 조직의 지점장은 업무가 과중한 자리다. 제반 KPI 지표 관리, 영업성과 관리 등 정형화된 일뿐 아니라, 직원들의 사기와 직원 간 유대감, 조직의 열정을 높이는 일 등 비정형화된 업무도 많다. 이 두 가지 항목에 대하여 직원들에게 개념 및 핵심 내용을 정리하여 설명해 주는 것이 중요하다. 먼저 정형화된 KPI 지표 관리 및 영업 성과를 높이는 방법은 지점의 영업 환경과 직원의 역량을 종합하여 판단할 경우, 어떤 KPI 항목에 집중하는 것이 직원들의 노력에 대한 효율성을 높이고 많은 성과를 창출할 수 있는지를 파악해야 한다. 직원들에게 중점 추진 KPI 항목으로 선정한 사유를 설명하고 효율적 영업을 위한 구체적 방법(요령)을 명료하게 설명하여 전 직원이 동참하도록 만드는 것이다. 사람이 행동으로 움직이고 노력하는 것은 먼저 개념의 정립과 생각의 변화가 있어야 가능하다. 무조건 따라오라는 방식은 비자율적이고 직원들의 열정을 이끌어 내는 데 어려움이 있다. 순간적이고 일시적인 성과는 있겠지만, 지속적인 높은 성과 창출에는 한계가 있다. 즉 아무리 좋은 내용이라도 적극적인 동참이 되지 않는다.

조직 구성원들은 대부분 성실하고 착실한 사람들이다. 직원 채용 시 몇 단계의 시험과 면접 등을 통하여 우수한 인재로 인정받고 직원으로 채용된 것이다. 그리고 매년 실시하는 교육과 직장생활 과정에서 조직 발전을 위한 나의 미션을 알고 있으며 개념적으로 무엇을 어떻게 노력해야 한다는 것을 명확히 알고 있다. 따라서 추진 업무의 당연성과 효율성을 충분히 이해한다면 열정을 가지고 지점 발전을 위하여 노력하려는 직원이 많아지는 것이다.

비록 효율적 성과 창출 측면에서 지점의 영업 환경에 적합하지 않은 KPI 항목을 선정하여도 조직 구성원들의 생각과 행동을 한 방향으로 정립해 나감으로써 점진적으로 성과 달성에 탄력이 붙을 수 있다. 여기서 중요한 사항은 개념 정리와 더불어 희망의 양념을 넣어야 한다는 것이다. 목표를 달성할 경우 우리 지점이 경쟁 지점보다 앞설 수 있다는 것을 설명하고 포상(상금, 해외여행 등)에 대한 기준을 명확히 하여 직원들의 동참과 열정을 높이면 지점의 분위기를 변화시키고 직원들의 사기를 올릴 수 있다. 지점 경영의 투명성이 지점장과 직원들의 신뢰감을 더욱 높아지게 만든다.

이와는 반대되는 지점을 가정적으로 생각해 보자.

첫째, 무엇을 할 것인지 핵심 내용을 정리하지 않는다. 즉 리더가 공부하지 않는다.

둘째, 정리된 핵심 내용을 전 직원에게 설명하지 않는다. 직원들이 무엇을, 왜, 어떻게 일해야 하는지 머리로 이해 못 하고, 행동적 노력이 자율적으로 유도되지 않는다.

셋째, 핵심 내용 실천을 위한 구체적 방법을 설명하지 않는다. 직원들의 업무 경험과 능력, 역량의 한계성을 극복할 수 있는 방법론을 찾지 못한다.

넷째, 지점장이 자신의 열정에만 도취하여 조직 경영에 이성적이지 못하다. 영업 성과가 낮은 직원에 대하여 조직의 목표 달성을 위한 당연성만을 강조하고 개인적 영업실적을 강압하여 지점 분위기와 직원들의 사기가 점차적으로 악화된다.

비정형화된 업무도 너무나 많다. 조직의 분위기가 활기차고 역동적이면서 영업성과 달성도 잘되고 있다면 비정형화 항목이 잘 관리되고 있다고 보면 된다.

이 책에서 언급할 '직원들 개개인의 마인드', '일에 대한 몰입', '사기와 열정', '직원들 간 유대감', '조직의 탄력성' 등등 하나하나가 모두 중요한 비정형화된 항목이다. 지점 경영의 어려움은 비정형화 항목의 관리에 있다 해도 과언이 아니다. 세계적 기업들의 교육비 예산 중 60% 이상이 리더 직급에 대한 리더십 교육에 사용된다는 사실이 이를 대변해 준다. 따라서 비정형화 항목에 대한 리더의 생각과 발전적 방향에 대하여 한 달에 한 번쯤은 반복해서 말해 주는 것이 좋다. 때론 급격히 나빠지는 비정형 항목이 있으면 빠른 처방과 대응이 필요하다.

업무와 관련하여 상황을 인식하고, 판단하고, 결정하는 리더가 고민 없이 단편적으로 내놓는 생각은 조직을 위기에 빠뜨리기도 한다. 리더가 윗자리로 올라갈수록 리더의 가치관적 경영철학은 중요하다. 따라서 지점 경영과 성과 창출이 뛰어난 조직의 장은 '관(觀)'을 가지고 있어야 한다. 관이라고 하면 리더의 인생관이거나 사물을 바라보는 생각의 기준일 수도 있다. 바람직한 관의 기준은 '보편성'과 '균형 감각'이다. 리더는 자기 생각이 이런 두 가지 항목에서 크게 벗어나 있지 않은지 가끔씩 되돌아보며 성찰할 필요가 있다.

영업점장 생활에서 기업체의 CEO를 만나면 가끔은 이런 생각을 한다.

'저분은 어떤 능력이 있기에…. 어떻게 해서 저렇게 높은 자리에까지 갔을까?'

이런 관점에서 관찰한 결과적 재능은 '감각'이다. '촉기'라는 단어를 사용하는데 일본말로 생각된다. 단어의 개념은 감각보다 촉기가 더 예민하고 민감한 느낌이 있다. '감각'의 사전적 의미도 '무엇에 대하여 민감하게 느끼거나 인식하고 반응하는 능력'이라고 정의되어 있듯이, 비정형화된 업무는 지점장의 감각적 역량이 매우 중요하다. 성공한 CEO들은 이런 감각적 능력이 매우 뛰어났다. 감각적 능력으로 지각한 내용을 구체적으로 인식하고 발전적 방향으로 표현하는 방법은 듣기와 말하기다. 듣기가 더 중요한 것 같다. 상대의 말을 들어서 핵심적 내용으로 개념 파악을 빨리하고 상대의 내면적 느낌까지도 받아들일 수 있는 재능이 성공하는 CEO의 필수적 역량이다. 따라서 이런 역량을 향상하기 위한 각별한 노력이 성공적 리더가 되는 지름길이다.

* 핵심성과지표(KPI, Key Performance Indicator)

KPI는 목표를 성공적으로 달성하기 위해 핵심적으로 관리해야 하는 요소들에 대한 성과 지표를 말한다. KPI는 '주주들이 진정으로 중요한 것은 무엇인가?'라는 질문에 답하는 것으로, 미래 성과에 영향을 주는 여러 핵심 자료를 묶은 성과 평가의 기준이다.

기존에는 이익, 매출, 비용과 같이 과거 재무적인 지표를 기준으로 성과를 평가했지만, 재무 성과는 과거 활동의 성과라는 점에서 미래 성과를 예측하고 반영하는 데 미흡하고, 결과만 보여 줄 뿐 과정에 대한 정보도 없다. 성과 측정의 대상으로 과정이 중요한 이유는 과정을 관리함으로써 단기 목표를 달성할 수 있을 뿐 아니라 중장기적인 목표도 도달할 수 있기 때문이다.

KPI를 도출하고, 활용하는 궁극적인 목적은 기업이 원하는 방향으로 구성원들이 가도록 동기를 부여하는 데 있다. 따라서 KPI를 도출할 때 가장 중요하게 고려해야 할 원칙은 KPI 활용을 통해 구성원들에게 동기 부여를 할 수 있느냐이다.

바람직하지 못한 KPI를 활용할 경우에는 구성원들의 사고와 행동의 초점을 잘못된 방향으로 이끌게 되며, 이는 궁극적으로 구성원들의 의욕 저하를 초래하고 기업 전체의 성과를 저하시키는 결과를 초래할 수 있다. KPI 도출 시에는 관리 중요성, 통제 가능성, 측정 가능성을 고려해야 한다.

첫째, 관리 중요성이란 경영 활동을 대표할 수 있는 핵심 요인 중심으로 성과 지표를 선정해야 하는 것을 의미하며 이를 통해 업적 평가의 타당성을 높일 수 있다.

둘째, 통제 가능성은 구성원들이 자신의 업무 권한 범위 내에서 직접 통제할 수 있는 것을 말한다. 만약 구성원이 직접 통제할 수 없다면 의욕 저하를 가져올 수 있다.

마지막으로 측정 가능성은 KPI로 활용되기 위한 기본적 요소로, 측정이 가능해야 최종 성과와 문제를 인식해 나갈 수 있음을 의미한다.

-네이버 시사경제용어사전-

03. 힘들고 마음이 아파도 100% 긍정의 마인드

세상은 공평하지 않다. 빌 게이츠 어록에도 '인생이란 원래 공평하지 못하다.'라고 말한다. 조직을 경영하다 보면 불공평한 부분이 너무나 많다. 우리 지점의 영업 목표가 경쟁 점포와 비교하면 터무니없이 높고, 지점의 영업 환경과 너무 다른 KPI 항목과 지표들, 지점의 직원 수가 부족하고 직원 역량의 한계성 등 불평등의 관점에서 말하면 모두 나열하기 힘들 정도다.

하지만 리더는 이런 모든 불공평의 악조건을 가슴에 담아두고 목표 달성을 위한 강력한 긍정적 의지만으로 직원들과 이야기하고 노래해야 한다. 직원들의 마인드를 하나로 응집하여 긍정의 힘으로 노력해 가도록 만들려면 리더가 어떠한 경우에도 불공평과 한계성을 말하면 안 된다. 리더가 철저히 긍정적 마인드로 무장해야 한다. 조금이라도 불공평 또는 불평등을 말하는 순간 직원들은 '할 수 없고', '하지 못하는' 심리적 안식처가 마련되는 것이다.

어떤 리더는 KPI 평가 방식이나 제도적 불만에 대하여 직원들과 자주 이야기를 하는 경우가 있다. 현실적 관점에서 보면 제도적으로 문제점은 많다. 하지만 이런 KPI 평가 방식과 제도적 문제는 빠른 시간에 개선되지 않는다. 제도는 현실적 변화를 즉시에 반영하지 못하고 항상 괴리를 가지고 있다. 제도적 변화의 개선은 오랜 시간이 필요하며 또 언제 될지도 모른다. 담당 부서에 제도적 변화를 요청하고 당연성을 설명하지만 내가 직접 제도를 변화시킬 수 있는 위치에 있지도 않다.

직원들과 제도적 모순에 대하여 문제점을 지적하고 대화해 보지만 과연 무엇을 얻을 것인가? 결과적으로 지점 실적 증대를 위하여 얻는 것은 아무것도 없다. 오히려 목표 달성을 안 해도 되는 핑계로써 아주 적합한 근거를 마련하고 합리적 논리와 심리적 안정감을 스스로 만들어 가는 것이다.

지점장이 판단하기에 목표가 터무니없이 높은 데다 경쟁 군의 지점들과 불공평이 심한 항목(KPI 지표, 경영목표 등)이 있다면, 직원들과 불공평을 따지기보다 지점에 맞는 적정 수준의 목표를 다시 설정하고 노력하는 것이 지혜로운 방법이다. 그리고 우리 지점의 강점인 KPI 항목에 집중하여 목표를 초과 달성하게 되면, 취약한 KPI 항목의 점수를 만회할 수 있으므로 이는 훨씬 효과적인 전략이다.

조직의 리더는 불공평의 쓰린 마음을 꾹 누르고 긍정의 메시지를 만들어 내야만 한다. 오히려 절박함에서 생겨나오는 오기와 극한의 노력이 더 좋은 결과를 얻는 경우도 많이 보았다.

역경을 이겨내는 과정에서 직원들과 느끼는 성취감과 자신감이 전 직원들의 마인드를 변화시키게 된다. 리더가 가진 긍정 마인드는 개인 마인드가 아니고 조직의 마인드가 되는 것이며 점차적으로 시간이 경과하면서 직원 개개인의 마인드를 리드하게 된다.

현대를 살아가는 모든 사람이 직장 생활에서 스트레스를 받으며 생활한다. 특히 직원들에게 함부로 속내를 토로할 수도 없는 처지의 리더는, 마음속에 가득 찬 스트레스를 풀어내지 못한 채 그저 참기만 한다면 건강을 잃기에 십상이다. 따라서 개인적 성향에 따라 스트레스를 받는 정도가 다르겠지만 나름대로 해소 방법 한두 가지는 가지고 있어야 한다.

먼저, 가급적 스트레스를 적게 받으려는 의식적 노력이 필요하다. KPI 목표 달성과 지점 성적 순위를 게임을 하듯이 즐기면 된다. 쉽지 않은 이야기지만 개인적으로 어떻게 받아들이는가에 따라 스트레스 지수가 달라지는 것이다. 아무리 힘든 일도 즐기면서 하면 스트레스를 느끼지 못한다. 스트레스를 푸는 방법은 개인별로 다를 수 있다. 무슨 말을 해도 내 편이 될 수 있는 가까운 친구나 동료와 대화를 통해 풀어내는 게 바람직한 방법이다. 하지만 대화 상대와 시간이 어려운 모 지점장은 혼자 노래방에 가서 큰소리로 노래를 하고 나온다고 한다.

때로는 지점장들만 모이는 사적인 자리에서, 마음이 맞지 않는 직원이나 저성과 직원에 대한 부정적 이야기는 하지 않는 것이 멋진 리더로서의 인품이다.

본부의 목표와 제도적 문제점에 대하여 무조건 말하지 말라는 것이 아니다. 가급적 나와 우리 지점의 개별적 측면보다는 조직 전반에 영향을 미치는 잘못된 평가 방식과 제도에 대하여 밀도 있게 논쟁하고 개선을 위한 대안적 의견을 제시할 수 있는 수준의 대화는 조직사회에서 당연히 있을 수 있고 조직 발전을 위한 긍정적이고 바람직한 소통이다. 다만 문제가 되는 것은 이를 소재로 부정적이고 비난적인 이야기를 나열하면서 침소봉대하는 대화 자세는 바람직하지 않다. 말에는 에너지가 있다. 말이 씨가 된다는 속담이 있듯이 부정적 말과 이야기는 모든 것이 부메랑이 되어 나에게 되돌아온다. 따라서 성공한 사람들은 자신을 갉아먹는 말을 하지 않는다.

긍정의 마인드가 좋은 결과를 가져오는 경우는 많다. 화분 두 개에 똑같은 식물을 심어놓고 한 화분에는 '예쁘다'라는 표현을 자주 하면서 사랑을 듬뿍 주었더니 그 식물은 튼튼히 자란 반면, 다른 화분에는 '못생겼다'는 표현을 계속하자 점차 시들어 갔다는 실험이 있듯이, 강한 긍정의 마인드가 지속적으로 전파된다면 어려운 환경을 극복하고 기대 이상의 결과를 얻을 수 있다.

필자도 지점장으로 일할 당시, 영업상 한계에 부딪쳐 도저히 방법이 없을 경우라도 직원들과 지속해서 긍정의 주술(?)을 앵무새처럼 나누면서 4~5번 이상 어려움을 극복하였던 터라 긍정의 힘을 분명히 믿는다.

정신일도 하사불성(精神一到 何事不成)

기필코 1등 지점으로 만들겠다는 간절한 목표의식을 가지고 어떻게 할 것인가를 생각하고 또 생각하고 더욱 간절히 생각하면 어느 순간 참신한 아이디어가 떠오르게 된다. 정신일도 하사불성이라 했듯이 강력한 간절함을 가지면 도저히 불가능할 것 같은 일들이 가능한 상황으로 바뀌게 된다. 이런 상황 전환의 성공적 체험을 몇 번 하게 되면 한마디로 도가 통한 것이다. 역경 극복의 경험은 어디서 무엇을 하여도 성공할 수 있는 황금 열쇠를 가지게 되는 것과 같다. 지점장이라고 해서 아이디어가 무더기로 창출되는 것은 아니지만, 철저한 긍정 마인드의 마니아가 되어야 하는 이유이다.

04. 업무 성과에 대한 브리핑

행원 시절 가장 짜증 난 일들은, 당시 지점장과 부지점장은 지점의 영업성과 증대에 구체적인 노력을 하지 않으면서 부하 직원들에게는 혹독한 실적 체크로 독려하는 것이었다. 지금 생각하면 지점장과 부지점장이 실적 증대에 더 많은 고민과 노력을 했겠지만, 그 당시에 내가 받은 느낌으로는 이해할 수 없었다.

내가 왜 이런 업무를 해야 하는지, 내가 열심히 노력하여 얻은 실적들이 어떤 KPI 성과와 관련되는지, 그리고 지점 발전에 어떻게 도움이 되는지, 얼마만큼 하면 100점이 되는지, 알 수가 없고 누구도 알려 주지 않았다. 무조건 열심히 하라고만 하였다.

지점 경영에서는 직원들과 공감대를 가지고 노력하는 것이 중요하다. 내가 하는 일의 의미를 알고, 현재 우리 지점의 상황은 어떠한지, 앞으로 얼마만큼의 실적이 필요하며, 즉 내가 열심히 노력하여 판매한 펀드 신규 2좌가 KPI 평가에 어떻게 도움이 되는지 깊이 있는 이해와 소통을 통하여 직원 모두가 스스로 동참하도록 해야 한다.

경영론에서 주인과 머슴의 차이를 예로 들기도 한다. 같이 생활하는 직원들이 높은 열정의 경영자 마인드로 일하게 하는 것은 상당한 의미가 있다. 직원들이 주체적 마인드를 가질 수 있도록 지점 현상을 자세히 설명해줄 필요가 있다. 직원들은 학교 교육 과정에서 우수한 성적을 달성한 경험을 가진 인재들이므로 지점장이 제시하는 목표를 부정적으로 받아들이는 경우는 드물다. 직원 개개인은 스스로 이해되는 수준에서 노력하고 동참을 하게 된다. 따라서 지점의 경영과 영업 상황을 수시로 설명하여 직원들의 동참과 이행 수준을 높이고 지점 발전을 위한 강한 열정을 이끌어 내는 것도 지점장의 역량이다.

브리핑 방식은 세 가지로 나누어 볼 수 있다.

① 일상 업무에서 소통(브리핑), ② 매월 초 브리핑, ③ KPI 경영 성적에 대한 브리핑이다. 첫째, 예컨대 영업점 문이 Open 되자마자 내점한 고객을 대상으로 상담을 하는 영업 구조에서는 전 직원이 한자리에 모여서 시간적 여유를 가지고 소통하는 데 어려운 점이 많은 영업 환경이다. 이를 위한 대안으로 사내 쪽지를 통해 전 직원과 간단한 내용을 공유하고 각자 의견을 제시하는 방법을 일관성 있게 활용하는 것이다. 캠페인이 시행되면 캠페인 실적과 등수가 게시된다. 이런 실적 자료를 활용하여 매일 아침 전 직원에게 회람을 돌린다. 이때 출력된 실적 자료 밑 부분에는 지점장이 직원들에게 하고 싶은 메시지를 적어서 전 직원이 오전 중에 회람을 마칠 수 있도록 회람 순번을 정한다. 중간에 회람이 단절되는 것을 방지하고 오전 중으로 전 직원의 공감대를 형성하려는 방법이다.

회람에 적는 내용은 '펀드 5개를 신규 하면 지점 순위가 7등에서 5등이 됩니다.', '현재 2등을 하고 있지만, 게임을 즐기듯 도전해 봅시다.', '신용카드 증대가 힘들지만 1좌에 10점을 취득하여 변별력이 높습니다.', '정글에 왕 사자는 쉬는 시간에도 초원을 바라보고 있습니다.' 등이 있다.

이와 같은 글로 직원들에게 긍정적이고 구체적인 노력의 방향을 제시해준다. 전 직원이 지점의 현황을 이해하고, 일정한 실적이 지점을 발전시키는 데 어떻게 도움이 되는지 깨닫게 되어 시간이 경과할수록 모두가 한 방향으로 노력을 하게 된다. 결과적으로는 항상 좋은 캠페인 성적을 거두게 되는 것이다.

둘째, 매월 첫날에는 지점 현황을 가볍게 설명한다. 지난달에 중점적으로 노력한 결과를 피드백하는 것이다. 이번 달에는 어떤 KPI 항목에 집중적인 노력을 하자는 등 지점 경영의 방향성에 대하여 총론적이면서, 중요 항목에 대한 세부적 내용을 간략하게 말로써 설명한다. 이로써 직원들은 이달에 무엇을 어떻게 해야 한다는 개념을 갖게 된다. 직원들과 새로운 목표 달성을 다짐하는 자리가 되는 것이다.

셋째, 상·하반기에는 리더들이 영업점 KPI를 분석하여 직원들에게 직접 브리핑하기를 주문하였다. 브리핑하는 목적은 두 가지다.

먼저, 일등만을 위한 노력이 아니라, 직원들과 영업의 공감대를 함께 형성하는 것이 근본 취지다. 지점의 영업 성적이 도저히 좋은 결과를 낼 수 없으면 나름대로 의미 있는 노력을 하면 된다. 즉 KPI 성적이 9/10등 하는 지점이 1개월 동안 노력으로 1/10등 하기에는 한계성이 있다. 이 지점은 7/10등을 달성하기 위한 노력을 전 직원이 함께하면 된다. KPI 등수가 10/10등에서 향상하는 방법이 전혀 없다면 전 행 차원에서 가장 중요하고 핵심적인 영업 항목을 선정하여 지점 직원들에게 설명한 후 의지를 모아 노력하여 성취감을 공유해 보자는 것이다.

다음으로, 연간 및 상하반기 성과 순위가 발표되면 직원들이 일 년 동안 노력한 성적표를 받는 것과 같다. KPI 점수가 1~2점으로 순위가 바뀌게 되면 정말 아쉽고 안타까운 일이지만 결과를 받아들일 수밖에 없다. KPI 브리핑을 통하여 KPI 점수를 체계적으로 관리한 지점은 막판 실적에 전략적으로 자신의 에너지를 모두 쏟아붓는 최선의 노력을 하였으므로 그다지 후회는 없을 것이다. 하지만 디테일한 점수 관리를 하지 않은 지점이 KPI 점수 1~2점으로 순위가 뒤처지고 수상의 기회를 놓친다면 이 모든 책임은 리더에게 있는 것이다. 최소 6개월에서 1년 동안 전직원들이 열심히 노력하고 고생하여 만든 결실을 리더의 관리 소홀로 수상의 기회를 잃어버린 셈이다. 모든 조직이 목표를 향해 달려갈 때 리더는 직원들의 땀방울이 헛되지 않도록 리더로서의 기본적 책무를 충실히 해야 한다.

리더의 영업점 KPI에 대한 브리핑을 기반으로 직원들이 업무적으로 자율적인 소통을 하는 단합된 조직은 다음의 KPI 게임에서 즐겁게 일할 수 있고 만족한 성과를 낼 수 있는 조직적 역량이 강하게 형성된다.

05. 직원 육성의 보람

리더는 직급이 높다고 무조건 부여되는 호칭이 아니다. 직원들에게 뭔가 '긍정적인 영향력'을 미칠 때에만 주어지는 호칭이다.

긍정적 영향력이란 뭘까?

① 리더 덕분에 부하들이 성과를 더 내든지

② 회사 생활이 더 즐겁고 신나든지

③ 경제적 풍요를 누리든지 등이다.

어떤 상사(직장에서 나이가 많고 직급이 높은 사람)들은 부하들에게 무조건적인 복종과 존경을 요구한다. 리더로서 대우를 받고 싶다는 뜻이다. 앞뒤가 바뀐 생각이다. 먼저 리더가 부하들에게 '뭔가 긍정적인 영향력'을 줘야 한다. 존경과 복종은 자연스레 따라오는 것이다. 상사는 시간이 만들어 줄 때가 많다. 반면 리더란 내가 스스로 만드는 것이다.

-최철규 HSG 휴먼솔루션그룹 대표-

리더에게 주어진 업무는 KPI 지표 관리를 통한 성과 창출뿐 아니라 함께 생활하는 직원들의 육성 책무가 있다. 조직의 경쟁력과 지속 가능한 성장을 위하여 전략적이고 체계적인 육성이 필요하다. 육성이라고 하면 범위가 너무 넓어서 어디서부터 무엇을 해야 할지 개념 정리가 힘들 것으로 생각된다. 간단히 표현하면, 자녀를 키운다는 생각으로 육성하면 된다. 부하 직원을 대하는 마인드와 육성을 위해 관심을 가져야 할 항목도, 자녀에게 인성교육을 한다고 생각하면 개념의 정리가 쉬울 것이다.

직장에서 상사와 부하 직원의 관계가 집안의 부자(父子)지간은 아니더라도, 리더는 그런 마음으로 부하 직원을 보살피면 된다. 삼강오륜에도 부자유친(父子有親)이라는 말이 있듯이 상사와 부하 직원은 서로 친해야 한다. 직급 간 서열과 직책의 구분이 엄격한 조직에서 리더의 개방적 마인드와 행동은 성공적 조직으로 이끄는 데 중요한 윤활제가 된다. 과거 유교적 가치관이 강한 조직사회에서 패러다임적 변화가 빠르게 나타나고 있다. 극단적 예로써 계급적 질서가 가장 엄격한 군대 문화가 획기적으로 변하고 있다. 따라서 과거 조직 문화의 위계성만 강조하지 말고 리더가 개방적이고 열린 마인드로 적극적인 개선과 실천적 노력이 필요하다.

부하 직원들과 높은 친밀감으로 소통하고 마음을 맞추는 데 많은 도움이 될 것이다.

'실패는 성공의 어머니'라는 속담이 있다. 모든 실패가 다음에는 성공으로 이어지는 게 아니다. 한번 실패한 사람은 계속 실패를 하는 경우를 주변에서 자주 본다. 모 일간지에서 조사한 내용 가운데 '우리나라 자영업자가 한 해 100만 개 이상 새로 문을 열고 그 뒤편에선 80만 개 이상이 폐업으로 내몰린다.'는 기사가 있었다. 그러면 속담은 틀린 글인가? 실패에도 종류가 있다. 절박함 속에서 죽기 살기로 노력하였지만 실패한 경험은 다음에 성공을 부를 수 있다. 하지만 적당히 노력하고, 적당히 고민하고, 세상 변화의 모든 사건(사유)이 실패의 핑계로 이야기되는 실패는 다음에도 성공하지 못한다.

리더가 직원 육성에 깊은 애정을 가진다면 직원들이 극한적 상황을 경험토록 하는 것이 중요하다. 은행 업무에서 극한적 상황을 경험하는 데는 한계가 있겠지만, 목표 달성에 절박함을 가지고 자신의 업무 실적 향상을 위하여 100% 몰입과 자신의 일에 완벽성을 추구하는 과정을 경험한 직원은 앞으로 무엇을 하여도 성공할 수 있는 DNA를 가지게 되는 것이다. 배움의 종류도 중요하지만 배움의 성숙도가 더 중요할 수 있다.

다음으로는 직원 육성의 개념이 너무 광범위하여 나름대로 골격을 잡아 보았다.

1. 항상 긍정의 마인드로 생각하며 노력하는 습관들이기
2. 듣기, 쓰기, 말하기의 기본적 역량을 향상시켜주기
3. 열정을 가지고 자기 일에 몰입하도록 적극적으로 지원하기
4. 동료 직원들과 친밀하게 화합하는 마인드를 가지게 하기
5. 직원 간 의사소통이 자유롭게 이루어지도록 하기
6. 학습하고 실천하는 습관을 가르치기
7. 생각의 근육을 키워주기
8. 시작한 일은 끝까지 하는 근성을 키워주기
9. 일상생활에서 부딪치는 문제에 대하여 멘토가 되어 주기
   등이다.

이상에서 나열한 것은 리더가 부하 직원을 육성하는 데 필요한 항목들이다. 따라서 이런 다양하면서도 추상적인 항목을 리더 나름대로 개념을 정립해 코칭하면 된다.

자식을 키우는 마인드로 직원 육성에 노력하면 된다고 말하지만, 사실 자식 농사는 정말 어려운 일이다. 부모 말을 잘 받아들이지 않는 자식과 항상 문제를 일으키는 자식이 있듯이, 평소 원만하게 일하는 직원이 때로는 어처구니없는 문제를 일으키고도 전혀 심각성을 느끼지 못한 채, 오히려 자신의 정당성을 강변할 때 지점장은 정말 힘들다. 그 문제점을 풀기 위해 소통하려 해도 이해하려는 노력보다 고집스럽게 자신의 주장만 앞세우는 직원이 있다. 필자는 이런 상황이 되면, 스스로 위로를 한다.

'그래, 내 자식도 마음대로 안 되는데…….'

스스로 공부하는 자녀가 제일이다. 첫째, 학생으로서 중요한 '공부 잘하기'라는 본분을 스스로 인식하고 둘째, 공부를 잘해야겠다는 결심을 행동으로 실천하면서 셋째, 공부하는 과정이 힘들어도 목표 달성을 위해 끝까지 최선을 다하는 모습이 확인된다면 공부하라는 잔소리를 할 필요가 없다. 이런 학생은 비록 성적이 좋지 않아도 앞으로 발전이 기대되는 자녀이다.

반면 고등학교 2학년쯤 되는 자녀에게 '오늘 수학 공부했니? 문제지 몇 장 풀었니? 영어 단어는 몇 개 외웠니?' 등등을 매일 물어보면서 자녀를 키울 수는 없다. 조직에서 함께 생활하는 직원들도 이와 마찬가지다. 먼저 우리는 '왜 일해야 하는가?'를 인식케 하면서, 일에 대한 의미를 직원 개개인과 눈높이 대화를 하면서 이해하도록 도와주어야 한다. 그리고 일에 대한 몰입을 통하여 일하는 즐거움을 느끼게 되고, 목표에 대한 최선의 노력 뒤에 나타나는 성공의 기쁨과 희열, 실패에 대한 원인 분석과 리마인딩으로 새롭게 도전하는 과정에서 지혜로움을 배우게 된다는 것을 알려 주어야 한다. 스스로 체득한 경험들이 앞으로 세상을 성공적으로 살아가는데 밑거름이 된다는 것을 지속해서 말할 필요가 있다. 직원에 대한 육성의 책임은 업무적인 면도 중요하지만, 인성적 측면의 기본이 더 중요한 것이다.

오래전 일반 주택은 집주인과 전세 1가구가 거주하는 구조였다. 전세 계약이 1년마다 갱신되어 A 집 주인은 매년 전세금을 올려 받았다. A 집에 전세를 사는 사람은 매년 오르는 전세금을 부담하기에 힘들었고 집주인이 지독하다는 생각을 하면서 살았다. B 집 주인은 전세금을 올리지 않았다. 처음에 받은 전세금으로 약 5년이 지났다. 일반주택 지역에 재개발이 되어 모두가 이사를 가야 될 상황이 되었다. A 집의 전세자는 다른 동네로 이사를 하는데 전혀 문제가 없었다. 그러나 B 집의 전세자는 다른 동네로 이사를 갈 수 없었다. 되돌려 받은 전세자금으로는 어디에도 갈 수가 없게 된 것이다. 이사 시점에서 본다면 어떤 주인이 더 좋은 집주인이었을까?

06. CEO로서 자존심과 자긍심

지점장의 지점 경영은 중견기업을 경영하는 CEO와 똑같은 것이다. 자산과 손익의 규모와 직원 수를 봐도 분명한 CEO이다. 따라서 CEO적 마인드로 생각하고 행동하는 것이 바람직하다. 지점장이 되기 전에야 매월 급여를 받는 샐러리맨 입장이었더라도 지점장이 되면 자신이 월급쟁이라는 소아적 생각을 버릴 필요가 있다.

중소기업체 사장은 회사와 관련된 모든 사실을 알고 있어야 한다(많은 것을 알려고 노력하고 공부해야 한다). 이런 사례로 중국집 이야기를 흔히 한다. 중국 음식점 주인이 직접 요리를 할 능력이 없는데, 어느 날 갑자기 주방장이 출근을 하지 않으면 이 음식점은 한동안 영업을 중지해야 한다. 따라서 중국집을 경영한다면 주인이 직접 자장면, 짬뽕, 탕수육 등 기본적 요리는 할 수 있어야 한다.

지점장으로서 할 일이 매우 많겠지만, 지점 업무의 핵심적 내용과 프로세스는 공부를 하여야 한다. 지점장이 모르면 직원들에게 구체적인 방법을 제시해 줄 수 없다. 운이 좋아 부지점장이 실무가 능통한 데다 적극적 자세가 있으면 다행이다. 하지만 부지점장이 본점에서 오랫동안 근무하여 영업점 현황을 모르거나 여러 가지 이유에서 열정적 노력을 하지 않는다면 지점장이 직접 공부하고 방법론을 찾아야 한다.

중소기업체 사장들은 어떻게 행동하는가? 자신의 기업체가 어렵고 힘들면 개인 자금과 재산을 추가로 투자해서라도 잘 되게 하려고 노력한다. 철저한 주인 의식이 있기에 가능하다. 아무리 돈이 많은 사람이라도 자신의 돈이 아깝지 않은 사람은 없다.

나는 직장에서 월급을 받으니 배정된 경비만으로 업무를 추진하고 부족하면 본부에 신청하여서 추가 배정을 받으면 일하겠다는 생각은 버려야 한다. 지점장도 중소기업체 사장과 같이 경우에 따라서는 영업적으로 승부를 걸만한 중대한 일이 있으면 일정 범위 내에서는 개인적인 비용을 과감히 배팅할 수 있는 마인드를 가져도 된다. 때론 금전적으로 손해를 볼 수도 있지만, 업무적 성과 창출이 된다면 더 많은 것을 얻을 수 있다.

개인 사업 창업자들이 오직 돈을 많이 벌겠다는 목적을 가지고 노력하여 성공한 사람은 드물다. 오히려 먼저 수지 타산을 따지기보다 자기 일에 매료되고 몰입되고 때로는 망할지도 모른다는 절박함 속에서 피나는 노력을 한 후에 어느 날 뒤를 돌아보니 돈이 모여 있었다는 경험담들이 더 많다.

성공에 대한 기본적 메커니즘은 같은 것 같다. 지점장이 개인적 비용을 지출하면서까지 최선의 노력을 하면 직원들에게 말하지 않아도 모두 알고 있다.

'지점장도 남과 똑같이 해서는 남보다 앞설 수 없다.'

지점 경영의 최고 경영자로서 누구보다도 당당하게, 멋지게 해낼 기회라는 생각으로 용기 있게 도전해보길 바란다.

대부분 연초에는 지점장으로서 성과급을 받게 된다. 지난해 이루어진 우수한 성과 달성은 나만의 노력으로 이루어진 것이 아니다. 따라서 성과급이 지급되면 개인적인 비용으로 전 직원에 회식을 베풀 수 있다. 개인 신용카드를 주면서 직원들이 마음껏 사용하도록 하는 것이다. 이는 지난 일 년간 열심히 노력해준 데 대한 감사의 마음은 물론이요, 지점장의 인간적 측면도 보여줌으로써 직원들과 좀 더 가까운 유대감을 쌓을 기회이기도 하다.

은행은 '돈'을 상품으로 서비스를 제공하는 기업이므로 매우 다양한 고객이 있다. '뛰는 놈 위에 나는 놈이 있다.'라는 속담도 있듯이 고객 중에는 은행 구조와 영업 실적의 절박함을 알아채고 비정상적 거래를 요구를 하는 경우가 있다. 영업과 관련하여 황당한 사례를 많이 듣게 된다. 이성적 판단을 가지고 들으면 비상식적인 거래임을 알 수 있지만, 때론 리더가 영업 실적에 강하게 집착하게 되면 사기꾼 같은 말에 현혹될 수도 있다. 이를 사전에 예방하는 방법은 이 실적과 전혀 관계가 없는 3자(다른 지점장)에게 물어보고 조언을 얻는 것이 좋은 방법이다. 목표 달성을 위한 실적 증대도 중요하지만, 고객이 기본적인 상도의적(商道義的) 관계를 무시하는 거래(영업)를 요구한다면 적절한 핑계로 피하는 것이 좋다. 때론 일정 부분 실적이 감소하는 어려움이 따르더라도 신규 고객 유치에 더 열심히 노력하여 우량한 고객(기업체)을 유치하면 된다. 돈은 모든 사람들의 이해관계를 만들게 되고, 정직함을 요구하는 것이 되어서 비상식적 영업을 수용하면 나중에는 분명히 문제가 발생하게 된다.

07. 강한 인내심이 성공을 부른다

지점의 리더인 지점장은 독립된 하나의 조직을 총체적으로 책임지고 있는 CEO이다. 항해하는 선박의 선장과 같은 존재이다. 바다에 떠 있는 배는 배 안에서 단독적으로 모든 것이 이루어진다. 선박으로써 기계적 상태, 선박의 향로, 선박 내 구성원들의 역할 분담, 역할 수행의 충실성, 그리고 선원들 사이에서 일어나는 모든 일이 선장의 책임이다.

지점장으로서 지시하고 챙겨야 할 일도 넘치지만, 한편으로 인내하며 기다리는 일도 매우 중요하다. 지점장의 말은 지점에서 가장 비중이 있는 말이다. 따라서 직원들 모두 집중하게 되며 궁극에는 직원들의 생각과 행동으로 연결된다. 이런 이유로 지점장의 인내심 있는 말과 행동이 중요한 것이다. 지점장의 인내력은 직원들의 자율성을 높일 뿐만 아니라, 소통을 통한 전 직원의 역량을 활성화하는데 기여한다.

은행을 위해서 모든 일을 열정적으로 하는 A 지점장이 있다. 그는 업무적 일이든, 업무 외적인 일이든 항상 바른 말씀만 한다. 이런 A 지점장의 노력에도 지점의 성적은 늘 하위권을 벗어나지 못한다. 앞서 근무하였던 지점의 성적도 하위권이다. 왜 그럴까? 모르긴 해도 하위권 성적의 직접적 원인은 지점장의 말과 행동이 주요한 영향을 미쳤을 것이다.

모든 업무에는 언제나 선후, 강약이 있다. 현재 우선되어야 할 업무를 도외시한 채 평소 직원들에게 변두리 말을 지나치게 많이 하는 것도 문제이다. 예를 들면 '복사지는 이면지를 활용해라.', '화초 잎에 먼지가 많다.', '책상 위 전표를 반듯이 정리해 놓고 일하자.' 등등 업무 외적인 말을 자상하게 표현하다 보니, 누구 하나 반발하는 일 없이 모두 순응하며 잘 따른다.

하지만 직원들이 이런 영업 성과와 직접적으로 관련되지 않는 사소한 일을 지점장의 말에 따라 적극적으로 수용하다 보면 일상적 행동에 대하여 과거보다는 신경을 더 쓰게 되고 행동적으로 노력하게 된다.

따라서 직원들은 업무 성과를 높이는 핵심적 업무에 대한 집중적 노력을 소홀히 하게 되는 것이다. 예를 들면, 지점장이 대출 서류를 결재하면서 '김 차장의 도장 날인이 많이 빠져있다.'라고 다른 직원들이 듣는 자리에서 지적하게 되면, 지점 직원들은 혹시 자신이 올릴 결재 서류에도 자신의 도장 날인이 빠져있는지 점검하는데 더 신경을 쓰며 업무적 집중과 시간을 분산시킨다. 고객에 대한 금리와 상품 판매가 고객 니즈에 적합하게 이행되었는지, 미비한 서류가 없는지 등의 본질적 내용보다는, 지점장이 지적한 부분에 더 집중하게 되는 것이다. 업무의 경중 없이 자주 말을 하는 것보다는, 지금 당장 급하지 않은 일에는 오히려 말을 아끼고 인내하면서 부드럽게 개선 사항을 말하고 기다리는 리더의 자세가 더 나은 결과를 가져온다. 핵심적 업무 내용이 아니면 비록 할 말이 많더라도 미루어 참을 줄 아는 리더의 자세가 업무 성과의 효율을 올리는 데 도움이 된다는 뜻이다.

지점 발전을 위한 핵심 추진 사항이라면, 지점장이 반복적이고 지속적으로 이야기한다. 적절한 타이밍에 강조해서 말하는 것이 문제가 되는 것은 아니다. 그리고 우수한 직원에게는 칭찬과 격려의 말을 아끼지 말아야 한다. 지점장의 칭찬이 한 명의 직원을 대상으로 말하는 기분 좋은 말이지만 그 말의 영향은 전 직원들에게 파동이 되어 긍정의 기운으로 전달된다.

목표 달성을 위해 열심히 노력하는 과정에서 직원 개개인에게는 업무량이 많아지고 스트레스가 발생하게 되고, 점차 스트레스 지수는 올라간다. 등산할 때 정상 가까이 다가갈수록 더욱 숨이 가쁘고 힘들어지듯이 업무 몰입도가 높아질수록 스트레스는 높아지게 마련이다. 이때 지점장이 현실적 어려움을 읽어내고 '잘할 수 있어….', '멋지게 도전해 봐.', '실수해도 괜찮아 지점장이 책임질게….', '너무 잘~ 했다.' 등의 격려와 칭찬으로 토닥여주면, 직원들의 스트레스는 줄어드는 대신 더욱 잘하려는 마인드가 선순환의 탄력을 받아 더 열심히 노력하게 된다.

칭찬과 격려의 말도 직원 개인의 특성과 일하는 방식 등을 자세히 지켜보고, 내용을 파악한 후 말하도록 한다. 비록 좋은 마음과 뜻으로 하는 칭찬의 말이지만 상세한 내용을 모른 채 피상적 개념만으로 말하게 되면 대화에 진정성이 떨어지고 기존에 쌓아 둔 믿음에 균열이 발생할 수도 있다. 즉 겉치레식 칭찬은 리스크가 발생할 수 있다.

지점장의 말은 지엽적인 것보다는 통찰력이 있으면서 핵심 내용을 담아내야 한다. 지점의 전체적 상황을 기본적으로 설명하면서 핵심적 항목의 디테일한 부분을 설명해 준다. 따라서 직원들이 업무 목표와 추진 항목에 기본 생각을 정립하게 되고 나아가 업무 성과를 창출하는 스킬을 직·간접적으로 알게 된다.

그리고 지점장이 지점의 낮은 성적으로 스트레스를 받더라도, 매번 스트레스받는 사안을 끄집어내기 말하기보다는, "이렇게 해보면 어떨까?", "이렇게 하면 잘 될 것 같은데…." 등의 긍정의 모드로 전환하여 적절한 타이밍에 맞춰 직원들과 대화 과정에서 지적하고 설명한다면 직원들도 믿음과 긍정의 자세로 노력하게 된다.

리더의 절제되고 인내심이 묻어 있는 말과 행동이 바로 직원들의 효율적 행동과 직결된다.

(대화 예시)

"김 차장 어제 방카슈랑스 상품 판매 실적이 반영되어 캠페인 성적이

5등에서 3등이 되었네"

"방카슈랑스 상품판매가 어려워 경쟁 지점 중에 무실적 점이 많은데 수고 많았다"

"이 상품은 KPI 점수와 캠페인 성적에 반영되어 실적에 따른 점수 영향이 큰데… 상품을 어떻게 판매했니… 어려움은 없었니?"

"이 상품을 3건만 더 판매하면 만점이 되는데…"

"은퇴자를 대상으로 판매하면 효과적이겠다."

대부분의 직원들이 업무처리 과정에서 지점장이 김 차장을 칭찬하는 말을 듣겠지만,

격려하는 말속에는 지점의 캠페인 순위, 방카슈랑스 상품 판매의 중요성, KPI 점수와 관련된다는 점 등을 말하는 계기가 되었고 김 차장이 답변하는 판매 요령과 어려움 등에서 다른 직원들도 상품 판매를 위한 디테일한 내용을 귀동냥으로 배울 수 있는 것이다.

그리고 지점장이 말하는 3건만 판매하면 만점이 된다는 것과 은퇴자를 마케팅 대상으로 하는 것이 좋다는 말은 향후 영업에 대한 방법과 방향성을 알려 주는 것이다.

08. 고독을 즐기자

리더가 된다는 것은 쉬운 일이 아니다. 조직과 조직 구성원의 발전과 쇠퇴의 책임이 모두 리더에게 있다. 어떠한 사유에서든 잘 된 것보다는 잘못된 것에 대한 도의적 책임까지도 리더에게 있는 것이다.

과중한 현실적 업무와 불확실한 미래의 판단과 결정까지 모두 리더의 책임으로 돌아온다. 리더도 사람이기에 몹시 힘든 상황에서 인간적 한계에 부딪히게 된다. 국가와 기업의 흥망성쇠도 리더의 인간적 한계성으로 발생하는 것이다. 어느 조직이든 변화와 발전의 과정에서 상황의 한계치에 도달하면 판단과 결정에 따른 심리적 압박감이 매우 높게 된다.

이러한 리더의 심리적 부담감이 우호적(맹종적)인 측근을 좋아하게 된다. 부하 직원은 어떠한가? 우리가 아첨꾼이라고 폄훼하는 조직원이더라도, 본인은 자신을 아첨꾼이라고 생각지 않는다. 소위 아첨꾼은 조직의 장을 인간적 측면에서 보좌하고 위한다는 마음과 조직의 발전을 위해 노력한다는 생각으로 리더의 귀와 눈에 거슬리지 않도록 포장하여 말하게 된다. 결론적으로는 리더가 아첨하는 행동을 좋아한 결과인 것이다. 리더의 그릇이 냉철함의 고통과 인간적 고독함을 담아낼 수 없을 만큼 작기 때문이다. 매우 어려운 일이지만 리더는 먹이사슬의 공생 관계와 같은 달콤한 측근을 가까이하지 않아야 한다.

리더에게 주어진 인사의 권한을 사용한 만큼 조직이 잘되고 잘못되는 것은 모두 리더의 책임이다. 예외적 사항은 있겠지만, 어떤 조직이 단 한 번의 잘못으로 망하는 경우는 거의 없다. 문제점들이 과정적으로 계속 쌓여서 결과적인 조직의 종말을 맞게 되는 것이다. 심약한 리더의 취향에 따라 주변에 동종의 사람들이 모이게 되는 것이다. 이러한 조직의 생태적 과정을 보면서 '초록은 동색이다.'라는 말을 은유적으로 꼬집어서 '초록은 똥색이다.'라고 말하기도 한다.

조직의 규모가 클수록 이런 현상이 발생하게 된다. 그릇이 작은 리더는 인간적 한계성이 더 크게 작용하기 때문에 자신의 심약한 마음을 주변으로부터 위안받고 싶은 것이다.

리더는 혼자의 시간과 고독을 즐길 줄 알아야 한다. 요즘같이 지점의 구성원이 적은 경우에는 직원 개개인의 성향과 면면을 잘 알 수 있지만, 과거 직원 수가 50명이 넘는 지점의 경우에는 직원 중에도 유별난 직원이 많았다. 인사가 만사라 했듯이 사람과 사람의 관계에서 모든 것이 발생한다. 예를 들면 지점에 부지점장 3명이 있다고 하자. 부지점장들은 수신, 여신, 외환 등으로 각자의 담당 업무가 다르다. 하지만 이들이 가장 먼저 챙기는 업무는 좋은 일(정보, 소식)을 얼마나 빠르게 지점장에게 보고하여 자신을 부각하느냐이다. 이렇다 보니 지점 내부의 보고 체계에 문제가 발생하게 된다. 부지점장들만의 문제가 아니라 직원들에게도 그 여파가 나타나기 시작한다. 외환 담당 부지점장은, 여신 담당 책임자에게 외환 업무와 아무런 관계가 없는 일인데도 왜 자신에게 보고를 안 했느냐며 책망을 한다. 여신 담당 책임자는 외환 담당 부지점장이 직급상 상사이지만 업무적으로 항상 보고해야 된다는 의무가 없다. 하지만 개방된 공간의 영업점 환경에서 보고의 원칙적 기준을 설명하면서 보고를 거절하는 것은 힘든 일이다. 직원들도 업무보다는 지점 내에서 조직적 역학 관계에 슬기롭게 처신하는 방법을 찾기 위하여 신경을 쓰게 된다. 여기에 한국적 문화의 특성인 출생 지역과 동문이라는 함수가 결합되면 더욱 힘들어진다. 지점장이 보고 체계에 대하여 '그래도 빠르게 보고해 주는 부지점장이 능력 있는 거야.'라는 말을 하게 되면 전 직원을 더 혼란스럽게 한다. 지점장도 더 높은 직급의 상사에게 누구보다도 빨리 보고하여 능력을 인정받아야 하므로 지점장의 판단 기준을 비난하는 것은 아니다. 하지만 지점장의 생각이 조직 구성원의 행동방식을 만들어 내는 것이다. 직원 개개인의 업무 몰입도가 효율적 성과를 창출한다는 관점에서 본다면, 이는 리더로서 가져야 될 보편적 가치관에 한계를 드러내는 것이고, 조직 문화에도 많은 문제를 발생케 한 것이다. 이 모든 것이 리더로부터 나온다는 말이다.

일본의 유명 인사 컨설턴트 '다카기 고지'가 쓴 『사내 정치의 교과서』에서 보더라도 사람들의 관계 속에는 정치가 있기 마련이다. 즉 조직 구성원 모두가 자신의 꿈을 이루기 위한 수

단으로서 '사람들의 관계'를 활용한다. 문제는 어느 조직에서 나쁜 상사가 출연하면 조직의 모든 부문에 악영향을 미친다는 점이다. 즉 리더의 심약함이 아첨을 좋아하게 되고, 조직의 성과보다는 자신의 출세가 목적인 나쁜 상사가 아첨으로 선발되고, 누구도 제어할 수 없는 나쁜 상사는 경영 철학의 한계성으로 조직 문화와 경영을 엉망으로 만들어 끝내 조직을 망하게 하는 것이다. 이것이 리더의 책임이다.

이런 사례는 비교적 큰 조직에서 일어나는 문제이고, 지점 단위 조직에 일어나는 경우는 드물지만, 지점장은 지점 내에서도 직원 중 누가 어떻게 노력하여 성과를 내는 것인지, 아니면 어느 직원이 입으로만 성과를 내는 것인지, 좋은 성과 창출에 누가 핵심적 노력을 하였으며 부차적 노력자가 누구인지를 명확히 파악하려고 항상 노력해야 한다. 대부분 직장에서 '묵묵히 일한 직원이 우대받는…' 등의 캐치프레이즈(catchphrase)를 내세우지만, 이것도 리더의 명확한 의지가 있어야 성실한 직원을 찾을 수 있고, 직원들도 지점장이 자신이 노력한 것을 정확히 알아줄 때, 열심히 일하게 된다. 그리고 지점 문화로 발전하게 된다.

09. 스스로 하겠다고 생각하면 편하다

지점의 작은 인원으로 복잡하고 다양한 영업 환경과 돌발적인 문제에 대처하려면 적잖은 어려움이 따른다. 그러다 보니 본부의 해당 부서에 의존적인 자세가 된다. 하지만 지점에서 발생하는 모든 업무의 오너십은 지점장에게 있다는 생각으로 일해야 한다. 본부 부서는 전문적인 지식과 방법에 대해 지원하여 주지만, 궁극적으로 지점의 낮은 KPI 실적과 결과에 책임을 지고 일을 해주는 곳은 아니다.

본부의 영업점 지원부서는 각 부서의 업무 ROLE에 따라서 최선의 노력을 해준다고 생각하며, 실제로 그런 노력을 한다. 수많은 영업점에 보편적으로 적용 가능한 교과서적인 내용만을 지원하는 것이다. 각 지점의 전쟁터와 같은 영업 현장의 특

수 상황을 이해할 수 없으니 일상적 범주를 벗어나는 업무에 대하여 지원을 받는다는 것은 어려울 수밖에 없다. 따라서 성과와 결과가 구체적인 실적으로 표시되는 곳은 지점이다. 지점 직원들은 업무 추진 과정에서 본부 직원들과 많은 협의 과정을 상담하고 논의하는데, 특정 추진업무에 본부지원이 어렵다는 답변을 듣게되면 도저히 추진할 수 없는 업무로 판단하여 쉽게 포기해 버리는 경우가 흔하다.

A 지점장은 특정 직업군을 섭외하여 집단 대출을 위한 협약을 맺었다. 본부에서는 특정 직업군이라는 단체가 법적으로 등록된 단체가 아니며, 이제껏 지원이나 대출을 실시해 본 적이 없었기 때문에 경비 및 인력 지원은 불가능하다고 하였다. 지점의 실무자가 본부에서 이런 답변을 들으면 대부분 영업추진을 포기해 버린다. 영업점에서 오직 영업이라는 명분을 가지고 논리적으로 설명하는 데는 한계가 있고 맹점이 많은 것이다. 전 영업점을 관리하는 본부 직원과 논리적 설명(논쟁)에서 이길 수 없다. 지점에서 단순한 사무적 지원을 받는 것도 어려웠다. A 지점장은 4~5개 부서를 직접 방문하여 사정을 설명하고 협조 요청을 하여 사무적인 기초적 지원만 받

고 행사를 진행하였다. 결과적으로는 성공적인 성과를 창출하였다.

지점장은 직원들에게 각자가 스스로 하겠다는 의지를 갖추도록 교육할 필요가 있다. 강건한 마음으로 강한 오너십을 가지는 것이 직원들에게 리더로서 바람직한 모습으로 보일 것이다.

요즘 신입 직원들은 컴퓨터의 원주민 세대이다. 지점장은 컴퓨터의 이주민 세대라고 표현한다. 따라서 신입 직원들의 업무 처리 행동 방식도 지점장 세대와는 상당한 차이가 있다. 컴퓨터 원주민 세대는 컴퓨터만 두들기면 모든 것을 알 수 있다. 이들은 모르는 것이 있으면 무조건 스마트폰이나 PC에 두들겨서 나온 지식을 개념 정리 절차를 통해 좀 더 명확하게 자기 것으로 만들려고 하는 노력보다는, 나오는 대로 이해하고 받아들인다. 지점장 세대의 학창 시절에는 중요한 내용을 암기하는 데 중점을 둔 학습 방법이었다. 따라서 조직에서도 업무 처리 규정과 실무 지침을 공부하고 외우는 세대이다. 반면 요즈음 입사하는 직원은 실무 처리에 어려움이 있을 때면 본부의 해당 부서에 질의하여 전산을 통한 업무 처리 방식을 하나하나씩 설명 들으면서 처리하는 경우도 있고, 입행 동기와 동료 직원에게 사내 쪽지 등을 활용하여 질문하고 업무를 처리하는 경우가 일반적이다.

업무 처리의 효율성을 높이려면 기본적 업무는 학습을 통해 업무 처리 지침을 명확히 알아야 한다. 적어도 실무 처리하는데 필수 내용은 암기하고 메모하는 등의 구체적 노력을 통하여 빠른 업무 처리 능력을 갖추는데 각별한 관심이 필요하다.

향후 ICT 발달로 업무 처리 프로세스의 획기적인 변화가 예상되지만, 아직까지는 지점장이 직원들의 업무 지식 학습에 노력할 것을 강조하고 가끔씩은 업무 질의 등을 통하여 노력 여부를 체크하는 등 업무 처리 방식에 대한 행동 개선을 적극적으로 지원할 필요가 있다. 업무의 복잡성에도 원인이 있겠지만, 직원 각자의 기본적 생각과 행동의 변화는 생산성과 직결된다.

한 실험에 의하면 강의 내용을 기록하는 그룹을 2개로 나누었다 노트에 볼펜으로 메모하는 그룹과 노트북에 입력하는 그룹이다. 한 시간의 강의가 끝나고 즉석에서 시험을 보았다. 시험 성적은 메모 그룹이 월등히 높게 나왔다. 노트북 그룹은 깊은 생각 없이 강의 내용을 단순하게 입력하면 되지만 메모 그룹은 강의 내용을 모두 적기 어렵기 때문에 집중하여 듣고, 핵심 내용을 파악하고, 기록하면서 기억에 오래 남았다는 것이다. 단순한 예 같지만, 자신이 직접적으로 생각하고 노력하고 행동한다는 것은 매우 중요한 의미를 가지는 것이다. 리더는 지점 직원들이 이런 개념을 이해하고 실무적 역량 향상에 노력하도록 코칭 할 필요가 있다

아울러 정보의 홍수 속에서 직원들이 매일 공문으로 받아들이는 정보의 양이 엄청나게 많다. 정보의 홍수 속에서 정작 자신에게 필요한 정보를 정리하고, 깊은 사색을 통하여 생각을 집중할 필요가 있다. 각 조직에서 창의성을 강조하고 있듯이, 업무의 기본적 지식을 알고, 업무 처리 과정에서 보다 개선된 방식과 방법을 찾아가는 과정에서 진정한 Creative가 나오는 것이다.

'스스로 모든 것을 하겠다.'라는 마인드를 가지면 의타적 생각이 없어지고 강한 주인 의식이 생겨난다. 이런 현실 인식과 마인드 속에서 본부가 지원해 준다면 모든 것이 고마운 일이다.

01. 직원들의 **역량**

02. 직원들의 **마인드**

03. 조직의 **탄력성**

04. 직원들의 **유대감**(1)

05. 직원들의 **유대감**(2)

06. **목표 달성 의지**를 강렬하게

07. **자신감**을 높이고 **도전**하자

08. 자신의 일에 **100% 몰입**

2부

01. 직원들의 역량

지점 대부분은 약 10명 내외의 소수 인원으로 구성되어 있다. 부지점장에서 신입 직원까지 다양한 직책과 직급의 직원들이 있다. 먼저 직원들의 과거 경력을 기준으로 보면 본점에서 전문직 업무를 5년 이상 담당하고 지점에 부임한 부지점장, 영업점 근무 경력이 17년 이상으로 현장 경험이 풍부한 차장, 영업 경력은 적으나 업무 지식이 뛰어난 입행 5년 차 대리, 입행 후 6개월 경과하여 열정과 의욕이 넘치는 신입 직원 등 다양한 경력을 갖춘 직원들로 구성되어 있다.

다음으로 영업점 업무 성과를 창출하는 기준으로 직원들의 능력을 평가한다면 직원 개개인이 가지고 있는 역량은 업무적 지식과 실무적 처리 능력뿐만 아니라 조직에 대한 로열티, 업무에 대한 열정, 자기 일에 대한 몰입도 등을 모두 총괄하는 개념이다. 지점의 다양한 인재들이 가지고 있는 역량에도 개인별 편차가 크게 나타나고, 이런 역량이 모여서 지점의 역량이 되는 것이다.

본점에서 전문직 업무를 담당한 부지점장은 지점 업무를 공부하고 영업적인 측면에서 직책에 적합한 능력을 발휘할 수 있을까? 그리고 지점 경영에 2인자로서 직급에 맞는 경영과 관리자적 역할을 원만히 수행할 수 있을까?

4년 전부터 승진 대상자의 명단에 올라왔지만, 아직 승진이 되지 않은 김 차장은 현재 자신의 업무에 대하여 얼마나 열정을 가지고 있을까?

입행 5년 차 김 대리는 개인적으로 승진과 같은 큰 목표도 없는 상황에서 권태감도 느끼는데 어떤 생각으로 일하고 있을까? 6개월 차 신입 직원은 높은 열정은 있으나 업무 성과를 창출함에 있어서 일반적 직원과 같은 몫을 당당히 하고 있을까?

직원들 개개인은 각자가 나름대로 최선의 노력을 하며 열심히 일한다고 생각한다. 하지만 목표 달성과 경쟁 군에서 우수한 성적을 거양하기 위해서는, 목표 대비 120%를 초과하는 실적을 올려야 가능하다. 지점의 제한된 인적 구성원들과 영업 목표 달성을 위하여 무엇을, 어떻게 노력해야 하는가?

지점장은 자신의 지점을 경쟁 지점 중에서 1등으로 만들고자 하는 강한 열정을 지녔거나, 1등은 아니더라도 조직에서 말하는 성장 목표를 달성하고 싶은 소명의식을 가지고 있다. 따라서 지점의 내면적 효율성을 최대로 높여서 외형적 성장과 조직의 발전을 위하여 할 수 있는 방법론에 대하여 깊은 고민을 하게 된다.

지점장은 조직 구성원이 가진 개개인의 역량을 세심하게 관찰하고 파악하여 개인별 강·약점을 분석해야 한다. 다음으로 직원들이 각자의 수준에서 최선의 노력과 열정을 발휘할 수 있도록 눈높이에 맞는 코칭이 중요하다. 코칭의 노력이 개인적 역량 향상으로 연결되고 지점의 역량으로 응집되면서 영업성과 창출을 높일 수 있도록 해야 한다. 따라서 지점장이 직원 개인별 역량을 정확히 파악하는 일이 성과 높은 조직을 만드는데 가장 기본적 단계이다.

영업에 따른 역량을 세분하면 '열정', '업무 지식', '상담 및 판매 스킬(요점정리 및 스피치)', '마무리 능력' 등 4가지 항목으로 분류할 수 있다. 직원 개개인이 위 4가지 항목에 어느 수준에서 어떻게 조합되어 있는지 분석하여 개인별 강·약점을 강화하고, 개선하고, 보완하기 위한 노력이 따라야 한다. 후배를 육성한다는 정성 어린 마음으로 구체적인 코칭을 해주는 등 개인적 발전을 도와주기 위한 노력은, 조직을 운영하는 지점장으로서 지속해서 관심을 가지고 풀어가야 하는 숙제이다.

첫째, '열정'은 자신이 하는 일과 목표에 대하여 애정을 가지고 집중하는 것이다

대체로 급여를 받는 만큼의 소속감과 조직에 대한 충성도가 높다고 말한다. 하지만 직급이 높다고 열정이 강한 것은 아니다. 열정은 상황에 따라 변한다. 앞서 말한 4년간 승진이 누락된 김 차장은 '업무 지식'과 '상담 스킬', '마무리 능력'은 매우 뛰어나도 '열정'은 바닥 수준에서 자신의 업무에 진취적이고 적극적 자세를 취하지 않을 것은 우리가 모두 짐작할 수 있다.

지점장은 김 차장과 미래 비전의 공감대를 공유할 소통의 시간이 필요하다. 우선 개인적 측면에서 승진이 늦은 이유(과거 근무 지점의 성적, 과거 개인의 인사 평가 순위 및 개인적 문제점 등)를 알아야 할 것이다. 김 차장과 진정성 있는 대화를 통하여 김 차장을 승진시키기 위한 목표를 정하고, 지점장으로서 어떻게 노력하겠다는 구체적인 방법을 제시하고 약속하는 등 김 차장이 신뢰감을 갖도록 해야 한다.

일부 지점장은 김 차장의 승진 문제 내용을 알면서도 김 차장과 소통하기를 회피할 수 있다. 향후 지점장에게 부담으로 작용하기 때문일 것이다.

둘째, '업무 지식'은 직원 개개인의 수준이 다르고 편차가 크다

지점의 목표를 달성하기 위한 업무적 지식이 필요하면, 전 직원을 대상으로 교육을 해야 한다. 직원들이 가진 개인적 업무 지식의 역량을 알지 못할 뿐만 아니라, 알아도 지식의 깊이를 모르기 때문이다. 교육 내용은 가급적 기본적이면서 핵심 내용과 실무 처리 방식을 정리하여 효율적인 교육이 되어야 한다. 사전적으로 지점 목표 달성을 위하여 업무 지식의 학습이 필요하다는 공감대를 가지도록 하는 것이 좋다.

업무 지식은 두 가지로 볼 수 있다. 직원 개개인이 평소 학습을 통해 습득한 업무 지식과 매일 대량의 전자 문서로 내려오는 업무 지침의 신설과 변경에 대한 지식이다.

기본적 업무 지침이 조금씩만 바뀌어도 항목이 많으면 변화가 큰 것이다. 그리고 신상품 판매와 제도 개선 등은 하루아침에 바뀌게 된다. 따라서 항상 공부하는 자세가 되어 있어야 한다. 업무 내용을 숙지해야 함은 물론이요, 때론 메모하지 않으면 업무 처리에 적잖은 어려움이 따른다.

지점장은 업무적으로 발생 빈도가 높은 것, 중요한 것을 직원들이 필수적으로 학습할 수 있도록 지점 분위기를 만들어야 한다. 아울러 매주 일정 시간에 업무 담당자가 변경된 업무 내용을 전 직원들에게 알려주는 시스템을 만드는 것이 좋다. 영업성과 창출과 직접 관련된 업무 지침의 핵심 내용은 지속적으로 강조하면서 간단명료하게 정리하여 학습의 자료로 제공하는 등의 노력을 병행해야 한다. 학습을 통하여 영업 실적을 증대한 사례를 두 가지 소개한다.

전세자금 대출 증대

전세자금 대출이 활성화되면서 전세자금 대출에 대한 각종 제도가 만들어졌다.

'전세자금 대출(주택금융공사)', '전세자금 대출(서울보증)', '전세자금 대출(주택도시 보증)' 등 각종 제도는 '대출 자격요건'이나 '대출한도' 그리고 '금리 조건' 등에서 조금씩 다르다.

우리 지점 실적이 게시되었으나 실적이 매우 낮았다. 회의 시간에 책임자들이 말하는 원인은 지점이 시내 중심가에 있어서 전세자금에 대한 문의가 적었다는 것이다. 하지만 현실은 달랐다. 직원들이 전세자금 제도의 종류를 정확히 알지 못한 데다, 바쁘다는 사유로 각종 제도의 업무 지침과 핵심 내용 그리고 각종 제도의 특장점이 정리되지 않았으며, 학습도 미흡하여 결과적으로 직원들의 관심도가 매우 낮았다는 데 그 원인이 있었다.

고객의 상담 요청이 있으면 업무 지식이 없으므로 적당한 말로 답변하다가 전세자금 대출이 어렵다는 말로써 상담을 마무리하는 것이다. 고객은 전세자금제도를 인터넷이나 신문 등을 통하여 기본적인 조건을 알고 왔는데, 직원의 설명은 고객이 아는 바와 다르게 엉뚱한 답변을 하든지 아니면 본부에 전화하여 질질 시간을 끈다. 이런 상황이 되면 고객은 은행(지점)을 불신하게 되고, 인근의 다른 은행을 방문하여 상담할 것이다.

은행 Desk에서 일어나는 직원과 고객의 상담 과정을 지점장은 구체적으로 알려고 노력해야 한다. 우리는 각종 전세자금 대출 제도의 핵심 내용을 A4 용지 한 장에 정리하여 나누어주고 전 직원이 핵심 내용을 외우게 하였다. 필자 역시 내용을 암기하고 직원들에게 말로 질문하는 등의 과정을 통하여 지점장도 외웠다는 것을 보여 주었다. 이후 상담 건수가 늘어나고 실적이 급격하게 증가하기 시작했다.

소통을 통한 학습으로 대출 증대

신설 주택 지구에 개점된 지점의 영업은 역동적이다.

아파트 입주에 따른 주택자금 대출 취급, 상가 분양에 따른 대출 등으로 지점 주변 공인중개사들과 수시로 거래 관계를 맺게 된다.

대부분 은행에서 주택담보 대출 등 각종 대출 취급에 따른 복잡한 제도를 직원들이 공부하지 않은 채 자신이 모르는 것은 '안 됩니다.'로 답변한다.

> 지역의 공인중개사들은 시간이 갈수록 당점에 와서 대출을 요청하는 경우가 잦아졌다. 당점은 업무 마감 후 당일 고객이 문의하거나 요청한 대출 가운데 취급이 어려운 것에 대하여 업무적 소통 시간을 가졌다. 이때 A 직원은 대출 취급이 불가능하다고 알고 있는 것을 B 직원이 취급 가능한 방법을 알려 주는 것이다. 이처럼 업무의 실무적 측면에서도 직원 간 소통과 대화는 중요하다. 시간이 지나면서 공인중개사들 사이에 '다른 은행에서는 안 되지만 M 은행에서는 대출이 가능하다.'라는 소문이 나기 시작했다. 그 결과 일상적 대출 신청도 M 은행에 요청하고 매일 출근하듯이 지점을 방문하였다. 타 은행 직원들이 우리 지점 실적에 많은 도움을 준 셈이다.

셋째, '상품 판매 및 판매 스킬(요점정리 및 스피치)'의 수준을 체크하라

업무 지식이 풍부하고 열정이 높아도 고객을 대상으로 상품을 판매하는 것은 별개의 능력이다. 즉 상담 과정에서 알게 된 고객 니즈의 핵심적 내용을 빨리 파악하고 고객의 니즈에 적합한 상품을 명료하게 설명하는 스피치 능력이 직원별로 어떤 수준에 있는지 자세히 관찰할 필요가 있다.

지점장이 부족한 부분을 직접 코칭해주는 방법과 상품 판매 능력이 뛰어난 직원을 멘토로 선정하여 벤치마킹을 하면서 배울 수 있도록 코칭을 하면 된다. 스스로는 자신의 단점을 볼 수 없기 때문이다. 지점 내 판매 스킬이 뛰어난 직원이 없다면 지점 인근에 우수한 직원이 있는 지점을 2~3일 방문하여 자신과 다른 뭔가를 느끼게 해주는 것도 좋은 코칭 방법이다.

인근 지점에서 무조건 놀다 오십시오

A 직원은 과거 영업점 근무 경력이 있는 차장이지만 최근 2년간 본점에 근무하여 영업적 감각이 떨어진 것이다. 방카슈랑스 업무를 담당하면서 실적 증대에 상당한 어려움을 겪고 있었다. 업무에 관한 공부는 많이 해도 상품 판매를 위한 고객과의 대화 스킬이 부족했다. 지점장이 직접 코칭 할 수도 있지만, A 직원이 실제 상황을 보면서 경험적 지식을 높이기 위한 방법으로 방카슈랑스 업무 실적이 우수한 인근 지점에 방문하여 방카슈랑스 담당자와 대화하면서 놀다 오기를 권했다.

예를 들어 오전에 실적이 우수하고 판매 능력이 뛰어난 지점을 방문하여 우수 직원이 어떤 상품을, 어떤 판매 스킬로, 고객에 설명하고 대화

> 하는지 벤치마킹을 부탁(?)을 하는 것이다. 방문 후에는 실적이 급격하게 증가하는 경우를 보았다. 우수 직원에게 상품 판매 요령 등을 물어보았겠지만, 과거 업무 경력이 있는 직원들은 지점장이 직접 코칭하는 것보다는 본인이 느끼고 오는 것이 더 중요하다.

넷째, 마무리를 잘하는지 관찰하자

모든 일이 쉽게 성과로 이어지지 않는다. 과정적으로 어려움에 봉착하기도 하고, 어떻게 판단하고 결정해야 할지 갈등하고, 때론 추진하는 일들이 벽에 봉착하여 아무런 대안을 찾지 못할 경우도 있다. 어떤 어려운 상황에서도 끈기 있게 끝까지 추진하는 노력이 필요하다.

일부 직원들은 추진 과정이 어려워지면 중간에 포기하는 경우도 자주 있다. 때론 일정 기간이 소요되는 업무는 추진 스케줄을 잡아서 정리해 두고 전략적으로 추진해야 하는데 지점장이 중간 과정을 체크하지 않으면 잊어버리는 경우도 있다. 지점장도 직원들에게 지시한 업무와 추진키로 한 내용은 잊지 않고 사전에 체크하여 직원들에게 '우리 지점장은 마무리를 꼭 챙긴다.'라는 인식이 되도록 의식적인 노력이 필요하다.

일상 업무에서 고객과 상담을 통한 마무리도 일정 부분 요령이 필요하다. 고객의 니즈에 가장 적합한 상품을 1~2개 안내하고 명료한 장단점을 설명하여 고객의 선택과 결정을 받아 내는 것이 중요하다. 반대의 경우를 보면 김 과장이 알고 있는 최근 상품 5~6개를 모두 나열하여 고객에게 모두를 설명한다. 나중에는 상품 간의 비교도 어렵게 되어 고객의 상품 선택은 다음으로 미루게 된다. '선택도 고통이다.'라는 말이 있듯이 다양한 상품을 펼쳐 놓고 고객에게 선택을 강요하는 것은 고객을 위한 배려가 아니다. 고객의 선택을 단순화시켜 주는 것이 진정한 배려다. 영업 성과로 이어지는 마무리가 되도록 지점장이 직원 개인별 상담 역량을 눈여겨보고 코칭을 해야 한다.

김 과장과 지점장의 문제점

　김 과장이 부임해 왔다. 열정이 강한 직원으로 지점의 펀드 KPI 항목은 자신이 담당하여 추진하겠다는 강한 의욕에 지점장 및 직원들이 모두 기쁘게 생각했다.

　그러나 김 과장은 업무 지식과 열정이 매우 뛰어났지만, 마무리 능력이 부족하여 성과로 나타나는 실적은 매우 낮았다. 지점장은 김 과장의 문제점을 파악하지 못한 상태에서 2개월이 지난 뒤 실적을 보니 매우 불만족스러웠다. 그래서 지점장은 책임자 회의 시간에 김 과장에게 '연초에 열심히 하겠다는 의욕은 어디로 가고 실적이 너무 낮다.'라고 채근성 질책을 하였다. 김 과장의 답변은 '지점 고객 중 나이 많은 분의 비중이 높아 펀드 영업이 어렵다.'라는 것이다. 이런 일이 있은 이후에 지점장과 김 과장의 신뢰는 무너졌다. 지점장은 부지점장과 소주를 마시며 '김 과장은 말이 너무 앞서는 직원이야!'라고 말하게 되고, 김 과장은 동료 직원들과 소주를 마시며 '지점장은 지점의 영업 환경을 제대로 모르시는 것 같다.'라고 말하면서 지점 역량이 여러 군데서 균열이 생기는 현상이 발생하게 되었다.

이 문제의 본질은 지점장이 김 과장의 마무리 능력에 문제가 있다는 것을 파악하여 코칭하지 못한 것이 가장 핵심적 내용이다

명료한 설명

항상 바쁜 지점의 입출금 창구에 근무하는 직원이 매월 상품 판매 우수 직원에 선정이 되었다. 평가 항목은 고객의 통장 입출 거래 내용을

모바일에 SMS로 통보하여 주는 서비스였다. 이런 제도를 고객에게 설명하고 동의를 받는 것이다

A 직원은 매일 아침 영업점 Open 후 잠깐 내점 고객을 대상으로 고객의 동의서를 받았다. 이 직원은 일반 직원의 1.5배 이상 많은 업무 처리를 하면서 우수 직원에 선정되는 것이 쉽고 즐겁다는 답변을 했다. 나름대로 상품 판매 스킬을 잘 다듬고 고객에게는 핵심 내용을 명료하게 설명하여, 고객의 니즈를 유발하고 빠른 마무리로 실적을 거양하는 요령을 가지고 있었다. 반대의 경우 실적이 낮은 직원들에게 부진한 사유를 물으면 이에 대한 답변은 매우 다양하였다. 즉 '내점 고객님들이 고령으로 설명하기 힘들다.', '모바일을 이용하지 않는다.', '입출금 창구라서 업무 처리 대기 고객이 항상 많다.' 등으로 부정적 이야기가 대부분이다.

A 직원이 고객에 설명하는 대화의 핵심 내용은 '고객님 요즘 보이스피싱이 많은데 은행에서 고객님의 통장에 입출 내용이 발생하면 무료로 알려드립니다.' 이것이다. 고객과 상담에서 이런 명료한 설명이 필요하지만, 대부분 직원들은 힘들어했다. 지점장은 이런 구체적 내용까지 코칭을 할 수 있어야 한다.

02. 직원들의 마인드

10명 내외의 조직 구성원의 생각은 매우 다양하다. 같은 직장, 같은 사무실에 있지만, 조직 구성원으로서 가지는 목표의 개념이 모두 다를 수 있다. 하지만 지점 목표 달성을 위한 직원들의 마인드는 지점장과 함께 갈 수 있도록 비전을 가지고 리더하고, 직원들의 마인드를 집중시키는 것이 필요하다.

'모든 구성원이 함께 꿈을 꾸면 현실이 된다.'라는 말이 있듯이 어떤 조직이든 조직 구성원들이 한마음으로 똘똘 뭉쳐서 같은 방향으로 함께 간다면 아무리 어려운 환경이라도 극복하고 목표를 달성할 수 있다. 리더는 직원들의 마인드를 집중시켜서 함께 꿈을 꾸게 하는 창조적 능력을 가져야 한다.

지점장은 조직의 역량을 높여서 목표 달성을 성공적으로 만들어 내는데 85% 이상의 책임이 있다. 평소 부정적 이야기를 자주 하는 지점장은 지점 실적이 절대 좋을 수 없으며 경쟁 군에서 항상 하위권에 맴돈다. 어떤 경우에는 연초에 상위권 성적에서 점차 하위권으로 떨어지는 예도 있다. 지점장이 매번 '어렵다, 안 된다, 힘들다.' 하는데 조직 구성원들이 어떤 마음을 가지고 노력하겠는가?

지점에서 가장 높은 직급의 지점장이 '목표가 너무 많다.', '영업환경이 어렵다.'라고 말하면 직원들은 더 힘들고 어렵다. 일정 기간이 지나면 직원들은 '올해도 역시 안 된다.'라는 생각이 마음의 중심에 자리 잡게 되고 목표 달성을 위한 극한의 도전적 노력을 하지 않는 것이다. 다음으로는 목표 달성을 못 하는 것에 대하여 미안함보다는 나름대로 정당성을 만들어 가게 된다.

1진 팀과 2진 팀

야구해설가 하일성의 이야기를 들으면 야구팀에서 1진과 2진 선수들의 마인드가 다르다는 것이다.

1진 팀이 게임을 지면 모두 머리를 푹 숙이고 경기장을 나온다고 한다. 모두 자신의 잘못으로 졌다고 생각한다고 한다. 본인이 득점 찬스에 안타를 못 쳐서 졌다. 본인이 볼을 놓쳐서 졌다는 생각에 어깨가 처져 있다는 것이다.

하지만 2진 팀은 다르다. 게임을 져도 경기장을 나오면 모두 얼굴이 밝다. 그래서 '너희들은 게임을 지고 나면 기분이 나쁘지 않니?'하고 물으면 선수들의 답변은 '옆 동료 직원이 에러를 해서….', '득점 찬스에 C 선수가 안타를 치지 못해서 졌다.'라고 말하고 본인에게 책임이 없다는 듯이 말한다. 대부분의 선수가 자신의 잘못으로 졌다고 생각하지 않는다는 것이다

지점 분위기가 '힘들다', '어렵다'라는 분위기가 되면 누구도 책임이 없는 2진 야구팀과 같이 된다. 지점의 성적이 안 좋은 것은 '지점의 영업 환경이 나쁘고', '본부에서 내려준 목표가 많고' 따라서 실적이 낮고 경쟁 군에서 등수가 낮은 것은 나와 우리 지점이 열심히 안 해서 그런게 아니라 근본적 문제점이 다른 곳에 있다고 생각하면서 자신을 합리화한다.

조직 구성원들의 마인드를 리드하려면 지점장은 먼저 자신의 말과 행동에 대하여 스스로 체크할 필요가 있다. 평소 부담 없이 자연스럽게 말하는 과정에서도 부정적 단어를 자주 사용하고 있는지, 긍정적인 말을 얼마나 구체적으로 하는지, 직원들이 지점장의 말을 이해하고, 수용하고, 실천하고 있는지….

설득력 있게 말하고 있는지, 직원들과 나누는 말에 일관성이 있는지, 말과 행동에 괴리감은 없는지, 직원의 단점을 많이 이야기하지 않는지, 등을 점검하여 될 수 있으면 긍정의 마인드로 말하고 일관성 있게 희망적 비전을 담아서 구체적으로 제시하는 것이 중요하다.

커뮤니케이션 전문가 마르시아 레이놀즈 박사에 의하면, 리더가 직원들의 편견과 무지를 깨닫게 하는 대화는 불편한 것이다. 그러나 리더들은 피하면 안 된다. 직원들이 잘못된 생각의 틀에 갇혀 있을 때 조직의 성과가 떨어진다. 매경 MBA 팀과 인터뷰에서도 "우리의 뇌는 은연중 고정된 프레임에 지배를 받아 관성적으로 일을 처리한다. 리더의 역할은 대화를 통해 이를 깨고 새로운 시각으로 업무를 할 수 있도록 도와 조직의 혁신을 촉진하는 것이다."라고 하였다.

리더가 대화할 때 필요한 자세는 호기심이다. 편견을 버리고 부하 직원들과 이야기하는 것이다. 리더가 먼저 문을 열지 않는다면 부정적 시각에서 보게 되고 공감대가 없는 대화가 계속되면 성공할 수 없다. 열린 마음은 듣고 배우고 성장하는 것을 촉진시킨다.

다음으로는 내 가족을 대하듯 진정성 있는 마음으로 말하고 행동하면 된다.

구성원들의 마인드를 긍정적인 방향으로 유도한다는 생각에서, 업무적 잘못을 관대하게 받아들여 적당히 말하거나 지적을 피하는 일은 바람직하지 않다.

직원들을 내 자식(상하관계가 아닌 사랑의 관계)과 같은 마음으로 생각한다면 직원이 지점의 분위기를 해치는 말이나 나쁜 행동을 보고 모른 체하거나 좋은 말만 할 수는 없다. 필자의 경험으로는 지점장이 진정성 있는 마음으로 업무를 독려하고 잘못된 일에 대하여 야단을 쳐도 야단맞은 직원이 기분 나쁘게만 생각하지 않는다는 것이다. 따라서 사랑을 바탕으로 하되 직원을 위하여, 그리고 지점의 발전을 위하여 소신껏 코칭하고 지도하는 것이 중요하다.

조직에서 부하 직원들이 작성한 상사 평가 내용을 피드백하는 경우가 있다. 자신과 함께 근무하는 직원들이 자신을 평가한 내용을 보고 실망과 분노를 금치 못하는 일부 지점장들을 보게 된다. 나름대로 직원들에게 잘해주려고 노력하였는데, 그들이 평가한 내용은 상당히 거리감이 있는 것이다. 이런 문제는 직원들이 리더의 진정성을 느끼지 못한 경우가 많다. 아무리 야단을 쳐도 마음 깊이 진정한 사랑이 깔려 있었다면 이런 평가를 피하였을 것이다.

학교에 다니는 학생의 기본적 ROLE(임무)이 공부이듯이, 직장에서는 직장의 미션과 성과에 대한 목표가 있고, 지점 성적이 우수해야 지점과 나의 발전이 있다는 것은 신입 직원을 비롯한 모든 직원이 아는 사실이다. 직원들도 하나같이 자신이 몸담은 지점이 잘 되길 바란다. 따라서 목표 달성을 위한 열정적 노력에서 나오는 지점장의 말은 충분히 긍정적으로 받아들일 수 있다. 아울러 지점장이 야단치는 사항이 감정적이지 않고 보편성이 있다면, 오히려 직원들은 열심히 노력하는 지점장님으로서 존중하고 신뢰감을 가진다.

다음은 지점 직원들이 지점장에 대하여 인간적 신뢰감을 느낄 수 있도록 하는 것이 중요하다. 인사 발령으로 새로운 지점에 부임하면 직원들과 처음 만나게 된다(물론 과거에 같이 근무한 직원들도 있겠지만…). 당연히 직원들은 새로 온 지점장에 대하여 여러 궁금증을 갖는다. 동료 직원들에게 지점장이 어떤 성품의 소유자로 평가되는지 물어보기도 하고, 지점장의 인간성은 어떤지 좀 더 상세히 알아보려고 노력한다. 어디서든 첫인상이 중요하고 첫 단추를 잘 끼워야 하듯이 지점장은 직원들과 어떻게 초반에 신뢰감을 높일 것인가를 고민하고 생각해야 한다. 고객의 니즈 파악이 중요하듯이, 직원들의 니즈와 힘들고 어려운 문제들을 세밀하게 파악하여 해결해 줌으로써 직원들과의 신뢰감을 높여야 한다.

업무적인 신뢰감을 높이기 위하여 지점의 현황에 대한 요점 정리를 잘해야 한다. 현재 지점의 영업 환경에서 강점과 약점이 무엇이며 이를 극복하기 위하여

① 어떤 항목에 집중적 노력을 할 것인지?

② 특정 KPI 항목은 어떤 자료를 가지고 어떻게 추진해야 하는지?

③ 더 좋은 성과를 창출할 수 있는 구체적 방법이 무엇인지?

제시할 수 있어야 한다.

 요점 정리가 되지 않으면 일상적인 좋은 말만 하게 된다. 나쁜 말도 아니고 틀린 말도 아니지만, 구체적 핵심 내용이 없는 '공자 왈 맹자 왈'이 되기 쉽다. 처음에는 직원들이 귀담아듣고 받아들이지만 반복되는 '공자 왈 맹자 왈'은 금세 식상하게 되고 직원들이 가지고 있는 일등 지점에 대한 열정을 구체적으로 채워줄 수 없는 말이 된다. 아울러 리더에 대한 신뢰감도 떨어지게 된다.

 지점장은 직원들의 개인적 역량에 맞는 역할 업무를 분담하고 조율하여 함께 가는 구체적 방법에 대하여 소통하고 담당 업무를 명확히 하는 것이다. 따라서 KPI 성적을 잘 받을 수 있는 방향과 방법을 구체적이고도 명료하게 알려 주며, 지점장과 직원 간에 공감대를 넓혀서 신뢰감을 높이는 것이 직원들의 마인드를 하나로 뭉치는 방법이 된다.

직원들의 선택에 따라서

A 지점장은 수시 인사이동으로 10월 초 새로운 지점으로 발령을 받

았다. 10월쯤 되면 연간 및 하반기 KPI 성적이 점차적으로 고착화되는 시기였다.

하지만 A 지점장은 지점의 과거 성적과 현재의 성과를 분석하여 직원들에게 브리핑을 했다.

현재 지점의 성적은 5등이지만, 남은 3개월 동안 열심히 노력하면 KPI 경쟁 군에서 2등을 할 수 있다. 하지만 4/4분기에 부임한 지점장으로서 두 가지 생각을 가지고 있으며 직원들이 선택하는 것에 따르겠다고 진솔하게 설명했다.

첫째는 지점 경영의 요령을 발휘하여 올해는 지점 성적을 5등 수준에서 유지하고, 지점 기여도가 낮은 실적들을 정리하여 내년에 우수한 성적에 도전하는 방법.

둘째는 직원들에게 브리핑을 한 내용대로 올해 2등에 도전하여 직원들의 인사고과를 잘 받을 수 있도록 노력하는 방법.(단, 부임한 지 얼마 안 되어 직원들과 마음 맞추기가 필요한 시점이지만 업무 추진에 비중을 두어 소원함이 있어도 서로가 이해하기)

이 두 가지 안에 대하여 전 직원들의 진솔한 이야기를 듣고 전 직원의 동의 아래 두 번째 안을 선택했다. 그 결과 연말에는 직원들과 약속한 것과 같이 우수지점으로 수상을 하였다.

03. 조직의 탄력성

지점에서 업무를 하다 보면 다양한 일을 해야 한다. 작은 직원 수로 KPI 항목을 촘촘히 챙긴다는 것이 쉽지 않다. 그리고 캠페인과 각종 프로모션 등으로 추진되는 항목도 적잖아서 전 직원이 집중하여 일사불란하게 노력을 기울일 수 있는 조직적 탄력성이 중요하다.

지점장은 전 직원이 가지고 있는 마인드를 바탕으로 조직의 탄력성을 측정해 볼 필요가 있다. 예를 들어 어제까지 정기적금을 판매하다가 오늘부터 새로 출시된 적립식 펀드 판매로 전환한다면, 짧은 기간에 전 직원의 역량이 펀드 판매로 결집이 되어야 한다. 새로운 펀드 상품 내용과 특장점을 숙지해야 할 뿐만 아니라, 고객과 상담 시 활용할 자료들을 정리하고 상담 스크립트를 작성하여 배부하는 등 실질적 노력이 직원들 사이에서 스스로 일어나야 한다. 먼저, 전산시스템의 DB 자료를 활용한 정보 검색으로 마케팅 대상 고객을 선정하여 직원 간 마케팅 역할 분담을 한다. 그리고 롤플레잉을 실시하여 신입 직원들도 고객과 상담 시 자신감을 갖도록 사전 준비를 철저히 하는 훈련도 거친다.

지점 전체적으로는 직원 개개인이 몇 계좌 이상 판매하겠다는 목표를 자율적으로 받아서 지점 목표와 대비하는 조정의 과정이 필요하다.

이러한 사전적 준비가 완료된 후 전 직원들이 1등 하겠다는 응집된 마인드가 형성되고, 마케팅 노력과 영업 성과가 실적으로 구체화되어야 조직의 탄력성으로 평가할 수 있다. 그리고 이런 영업 모드 전환이 빠르게 이루어져야 탄력성이 높은 조직이다.

과정적으로는, 고객에게 상품 판매 시 상담에서 나타난 문제점을 파악하고 문제 해결 방안과 우수 성과자의 판매 노하우를 직원들이 공유하는 등의 노력이 따라야 한다.

상품 판매를 위해 갖추어야 할 사전적인 준비와 실행에 대한 준비 그리고 판매 과정에서의 보완과 더불어 효율적 성과 달성을 위한 정보 교환 등의 단계별 노력이, 모두 협동하여 자율적인 프로세스로 진행될 때 조직의 탄력성은 매우 높은 것이다.

지점장은 이렇게 진행되는 프로세스에서 빠지는 사항을 체크하고 아이디어를 제공하여 직원들이 열심히 노력한 만큼 우수한 성과를 창출할 수 있도록 적극적인 관심과 지원을 아끼지 말아야 한다.

직원 개개인이 스스로 준비하고 계획과 목표를 세워 집중적인 노력으로 성과가 창출되는 과정을 경험하면서 보람과 성취감을 느끼며 자신감을 갖는다. 지점장은 진정성 있는 칭찬과 격려로 직원들의 자존감을 높여 주면서 조직적 탄력성을 유지 발전시켜 나갈 수 있다.

지점장(부지점장)이 지점 발전에 가장 중요하다고 선정한 핵심 항목을 전 직원이 함께 노력하여 다른 지점보다 우수한 성적을 올리는 과정에서 직원 모두가 조직적 성취감을 맛볼 수 있다. 이런 조직적 성취감이, 지점 직원들의 사기와 자신감을 높이게 되어 지점이 발전하는데 가장 기본적 원동력이 된다.

앞서 말한 지점장에 대한 신뢰감, 요점 정리 능력이 조직의 탄력성을 창출하는 기본이 되며, 이런 선순환 구조가 만들어지면 지점의 성과 창출을 위한 기본은 완벽하게 갖추어진 셈이다.

탄력성이 지점 사기를 높인다

'1주일 동안 프로모션에 펀드 30좌를 하자.'라는 목표를 정했다. 1주일 후 실적을 집계한 결과 A 직원은 10좌, B 직원 7좌, C 직원 8좌, D 직원 4좌, E 직원 1좌의 실적으로 지점의 목표는 달성했다. 목표 달성에 따른 개인별 실적은 모두 다를지라도, E 직원도 1좌를 신규 하여 지점의 목표 달성에 기여를 한 것이다.

따라서 직원들 의지가 집중되고 함께 노력한 결과 지점 차원에서 목표를 달성한 것이다. 즉 '우리 지점도 할 수 있다'라는 조직적 성취감이 개인적 자신감으로 전이된다

반대의 경우를 생각해보면, E 직원이 1좌의 신규 노력이 없다면 지점 목표 달성이 실패한 것이다.

04. 직원들의 유대감(1)

인간의 행동은 개인적 욕구에서 출발한다. 매슬로우의 인간 욕구 5단계에서 보듯이 조직 구성원들은 직급과 직무와 관계없이 인간적 욕구에 기초한 마인드를 가지고 있다. 이런 마인드가 직원 상호 간에 우호적으로 작용할 수도 있고, 때론 부정적이며 충돌적으로 작용할 수 있다. 리더는 조직 구성원들 간에 유대감이 어떻게 형성되고 있는지에 대한 깊은 관심이 필요하다.

필자는 이런 과제를 해결하기 위해서 매월 지점의 영업 실적에 기여도가 높은 직원을 선출하여 시상을 하였다. 그리고 월별 우수 직원을 모아서 연말에 푸짐한 시상품(금 3돈)을 제공한다는 펀(FUN) 개념의 프로모션을 만들었다. 우수 직원 선정의 핵심 기준은 '지점의 영업실적 증대를 위하여 기여도가 가장 높은 직원'이라는 명료한 기준을 정했다. 우수 직원 선정 방식은 직원들 각자가 보는 시각에서 지점 발전을 위해 최고의 노력을 했다고 생각되는 직원을 1등으로 하여 순위를 주는 것이다.

15명의 직원이 있다면 1등부터 15등까지 순위가 정해진다. 직원들이 작성한 용지는 지점장에게 직접 제출하고, 시상자를 집계한 뒤, 개인별 제출 용지를 직원들이 직접 보는 앞에서 폐기하여 완벽한 비밀유지를 지켜주는 것도 중요하다. 매월 1등과 2등만 선정하여 발표하고 시상하는 것이다. 직원들의 평가 내용을 집계하면 재미있는 결과가 나온다. 상위권으로 인정받는 직원은, 지점 직원들 대부분이 1~3등으로 평가하였다. 중위권에서는 평가 순위가 다양하게 분포되었다. 본인과 평소 친밀도가 높은 직원(업무적으로 코칭, 개인적 친밀도 등)을 우선순위로 선정하는 경향을 보였다. 하지만 하위권은 상위권과 같이 몇 명의 직원이 몰표의 지지(?)를 받았다. 중·하위권 평가에서는 이성적 측면보다는 감성적 측면에서 순위를 주기도 한다.

일상적 업무가 바쁜 과정에서도 직원들은 어느 직원이 열심히 노력하는지, 마찬가지로 누가 지점 성과에 기여도가 낮은지 인식하고 있으며, 지점 발전의 기여도를 보는 눈이 거의 일치한다는 것을 알았다. 이런 형태의 프로모션을 통하여 직원 상호 간 관계가 좋지 않은 사이도 파악된다. A 직원과 B 직원의 경우 다른 직원들의 평가는 3~5등이 대부분인데 특이하게도 A와 B는 서로를 낮게 평가하였다. 따라서 이는 지점장이 직원 간 유대감을 높이는 데 활용하기 좋은 정보도 된다.

  또 다른 중요한 변화는 프로모션 진행 후 약 2~3개월이 지나면 전 직원이 지점 발전을 위하여 노력함과 더불어, 직원 상호 간 관심이 높아져 과거에는 볼 수 없었던 우호적 자세를 보이는 사실이다. 이런 재미있는 결과를 바탕으로 지점 구성원이 유대감을 높이도록 추가적 노력을 한다면 지점의 분위기와 사기는 한층 높아질 것이다.

  은행의 상담창구를 기준으로 업무량과 관련하여 개인적 속성을 설명해 보자. KPI 성적이 낮고 업무 성과가 부진한 지점은, 대체로 직원들이 업무량이 과중하며 고생을 한다고 생각한다. 따라서 가급적 작은 양의 업무를 하려고 요령을 부리는 경우도 있다.

　상담창구에서는 고객의 번호표 순서에 따라 업무를 접수하여 처리한다. 따라서 업무량을 스스로 계획하거나 조정하기 힘들다. 한 명의 고객이 요청한 업무 처리이지만 때로는 건수가 매우 많고 업무 처리도 복잡할 수가 있다. 급여일과 같이 특정일에 고객이 집중되는 바쁜 날이 있다. 상담창구의 A 직원이 여신업무 상담으로 처리가 장시간 소요되고 있다면, 상담창구의 B와 C 직원은 단순 업무를 중심으로 처리하여 대기 고객 수를 줄이는 노력이 필요하다. 즉 상담창구에서도 유기적 업무 처리 자세와 노력이 필요하다. 하지만 주변 상황을 전혀 인식하지 않은 채 오로지 자기 일에만 집중하여 일(업무량)을 작게만 하려는 이기적 마음으로 행동하는 직원도 있다.

　어떤 경우는 동일한 조건의 단순한 업무 처리도 업무 처리 속도가 너무 늦어서 옆 직원이 5명의 고객 업무를 처리하는 동안 3명의 고객 업무도 처리 못 하는 일이 일상적으로 발생하면 직원들의 관계는 좋을 수 없다. 지점장은 이런 관계도 유심히 살펴야 한다.

소극적 업무 자세를 긍정의 마인드로

A 지점의 1층의 상담창구에는 5명의 직원이 있었다. 이들은 선임 차장에서부터 입행 1년 된 직원까지 직급상 차이가 있지만, 개인적으로 업무적 역량은 높은 직원들이 상담창구에서 근무하였다.

하지만 업무 성과 창출이 매우 낮고 서비스도 최악의 평가를 받는 것이다.

자세히 관찰한 결과 직원들 개개인은 업무를 적당하게 하고, 적게 하겠다는 이기적 마인드를 가지고 있었다. 따라서 고객의 내점이 많은 날에는, 2~3명 직원은 상담을 통한 성과 창출에 집중하고 다른 2명의 직원은 빠른 업무 처리로 고객 대기 시간을 최대한 줄여주도록 하는 등의 직원 간 상호 보완적 노력이 필요하다.

하지만 전 상담창구에서 서비스 평가를 핑계로 업무 처리 속도가 늦고 많은 일을 하는 것처럼 요령을 부리면서 업무를 처리하였다. 표면적으로는 열심히 일하는 것 같은데 결과는 성과 창출이 낮고 서비스 평가도 최하위 성적을 받았다. 즉 5명의 창구 직원 가운데 중심적 리드 역할을 하는 직원이 없고, 업무 처리에 ROLE MODEL도 없었다.

이를 어떻게 해결할까 고민하다가, 5명의 직원과 매일 아침 Tea-

Time을 가지면서 '일일 감사 일지'라는 전날 업무 처리 전표 매수가 나오는 자료를 복사하여 개인별로 나누어 주었다. 그리고 업무 처리에 힘들었던 이야기를 자유롭게 꺼내도록 자리를 만들었다. '일일 감사일지'에는 개인별로 업무 처리한 전표 매수가 나오기 때문에 스스로 느끼게 하는 것이다. 업무의 종류를 세분하면 전표 매수 1매가 발생한 업무라도 상당한 시간이 소요되는 업무가 있을 수 있고, 때론 단순 입출의 간단한 업무에서도 1매의 전표가 발생할 수도 있다. 특정 직원의 일일 전표 매수가 1주일 동안 계속해서 적다면, 그 직원만이 항상 난도가 높은 업무를 처리하는 것이 아니기 때문에 분명 문제점이 있는 것이다. 일정 기간(약 7~10일) 업무 처리 건수(전표 매수)를 시계열로 놓고 살펴보면 업무 역량, 업무 자세, 마인드에 따른 업무 결과를 간접적으로 파악할 수 있다. 이러한 Tea 미팅을 1주일 이상 실시한 결과 모두 자세가 달라졌다. 스스로가 느끼기 시작한 것이다. 그동안에는 지점장이 자신의 업무 처리 건수와 노력을 모르고 있다고 생각하였고, 옆 직원이 요령껏 일하는데 내가 왜 열심히 해야 하지 하는 마인드를 가지고 있었다. 지점장이 매일 알 수 있다는 생각에 마음이 바뀐 것이다. 아울러 지점장이 내가 노력한 만큼 알아준다는 사실을 깨달아 더욱 적극적으로 성과 창출에 노력하는 직원이 나타나기 시작했다이 경우에도 상담창구 직원들과 낮은 업무 성과에 대한 결과적 내용만을 가지고 대화를 했다면 이런 긍정적 방향으로 전환이 쉽지 않았을 것이다. 직원 개개인의 마인드를 파악하여 전환하고 직원들의 유대감과 일체감을 강화해야 한다. 부정적 관점이 강한 직원은 '어렵다', '안 된다'라는 말로써 변명으로 일관하고 자신을 정당화하려고 하겠지만, 객관적이고 연속적 자료를 통해 스스로가 변하게 한 사례이다.

선임 여직원의 권위

K 지점은 '입출금 창구(빠른 창구)'에 내점 고객이 많아서 직원 3명이 근무하고 있었다. 빠른 창구 직원의 인적 구성은 입행한 지 15년, 6년, 2년 된 3명의 여직원이었다.

어느 날 지점장이 빠른 창구 직원 1명을 증원을 요청하겠다고 하였다. 빠른 창구에 내점 고객이 오랜 시간 대기하고 업무 처리도 늦어져서 서비스 평가도 나쁘게 나온다는 내용이었다.

빠른 창구에서 처리하는 전표 총 매수를 보면 월말 등 업무가 가장 바쁜 일자에는 평균보다 많았지만, 평소에는 증원할 정도의 업무량은 아니었다.

은행의 DB 시스템을 활용하여 빠른 창구 직원의 개개인별 전표 처리 매수를 가지고 그래프를 그려 보았다. 그래프는 일정한 간격을 가지고 평행선을 유지하고 있었다. 즉 입행 15년의 선임 여직원의 전표 매수가 가장 적었고, 다음으로 입행 2년 된 직원, 6년 된 직원의 업무 처리 전표 매수가 가장 많았다. 과연 이 3명의 직원은 사이가 좋을까? 당연히 사이가 좋을 수 없다. 창구에서 일을 하면 옆 직원이 무슨 일을 하는지 알 수 있다. 업무를 빨리 처리하는지 아니면 일부러 늦게 처리하는지 알 수 있다. 선임 여직원은 언니로서 솔선수범하기보다 언니의 권위(?) 때문인지 대기 고객이 밀려있는 창구 상황에는 관심이 없고 오로지 자신의 기준에 따른 속도로 업무를 처리하니 어떻게 사이가 좋을 수 있겠는가? 직원들 사이에도 서열이 존재하고 선임 여직원의 업무 처리 형태를 마치 고자질하듯이 지점장에게 이야기하기 어려운 것이다. 입행 6년차 직원은 마음속으로 불만을 가득 가지고 일을 할 수밖에 없었을 것이다. 이런 분위기에서 열정적 노력과 성과를 기대하기는 어려운 일이다.

05. 직원들의 유대감(2)

앞서 부정적인 상황에 대하여 말했지만, 적극적이고 긍정적 마인드를 통해서 유대감을 높이려면 야외 워크숍을 적극적으로 활용하는 방법이 있다. 대부분 리더가 지점 야유회를 통상적으로 봄과 가을에 놀러 갔다 온다는 개념으로 진행하고 있지만 보다 의미 있게 체계적으로 추진한다면 직원들의 유대감, 사기, 탄력성을 높이는 좋은 터닝 포인트가 될 수 있다.

필자는 야외 워크숍을 갈 때 반듯이 사전 답사를 다녀온다. 직원들이 쉬는 날 개인적으로 바쁘다고 하면 필자가 직접 다녀오는 경우도 있었다. 사전 답사를 가는 이유는 명료하다. 기본적으로 직원들이 가족들과 함께할 어려운 시간을 할애한

만큼 뜻있고 의미 있게 다녀와야 된다는 것이다.

첫째는 워크숍 진행의 전 과정이 시간 낭비가 없이 즐겁고 완벽하게 진행되어야 한다. 둘째는 현지에서 제일 맛있는 것을 먹고, 제일 재미있는 시간을 보내는 것이 중요한 것이다. 즉 식당을 예로 들면 예약된 시간에 직원들이 식당에 도착하면 바로 식사할 수 있는 최고의 요리가 준비되어야 한다.

따라서 지점장이 정성스러운 마음으로 워크숍을 준비하고 추진하면 직원들도 새롭게 생각하고 흥미를 느끼게 된다.

야외 워크숍 행사를 위한 직원 간 일자 선정과 조정의 과정도 매우 중요하다. 모두가 바쁜 현실을 살아가다 보니 서로 일자가 맞지 않아서 일자 선택부터 어려움이 있다. 하지만 일방적으로 결정하지 말고 최대 인원이 참석할 수 있도록 개인의 사정을 들어보고 조율하는 노력이 필요하다.

필자가 만난 몇 명의 지점장 중에는 직원들이 야외 워크숍에 부정적 시각을 가지고 있어서 행사 진행을 포기하는 예도 있었다. 하지만 동양적 문화, 특히 한국의 조직 문화 속에서 조직 구성원들이 유대감을 높일 수 있도록 시간과 장소를 인위적으로 만드는 것은 중요한 행사이다. 업무를 떠나서, 개인적인 나로서 상대를 만나 수 있는 시간을 갖는 것이 유대감을 높이는데 필수적이다.

옛날 농경문화에서도 봄철에 농사가 시작되기 전에 마을 사람들이 한 곳에 모여서 장구와 북을 치고 놀면서 음식을 함께 나눠 먹는 풍습이 있었다. 서로의 마음을 열고 품앗이에 적극적으로 동참하는 사전 의례(?)라고 할 수 있다.

지점 야외 워크숍도 이런 성격과 같다고 본다. 함께해서 재미있고 즐거운 일들을 많이 만들어 직원들 간 유대감을 느끼게 하고 공감대를 형성하도록 해야 한다.

야외 워크숍을 통해 함께 즐겁게 놀아본 추억은 직장생활 하는 오랫동안 직장과 동료 간의 애정으로 선명하게 남을 수 있다.

워크숍을 준비할 때는 다양한 시간을 계획함으로써 흥미 있고 다채로운 행사가 되도록 해야 한다(트래킹, 문화답사, 숯가마 체험 등). 완벽한 준비와 스케줄 관리로 전 직원이 행사에 참석하고 즐거운 시간이 되도록 이끌어 가는 것이다.

워크숍이 실패한 경우도 있다. 어떤 지점은 업무를 마친 금요일 저녁에 출발하여 현지에서 성대한 만찬을 가진 후, 다음

날 아침 식사가 끝나면 바로 서울로 복귀함으로써 워크숍이 종료된다. 한마디로 먼 곳에 가서 소주 한 잔 먹고 온 셈이다. 사전에 행사가 치밀하게 준비되지 않아서 직원 간 일체감을 가질 기회를 날려 버리는 것이다. 때로는 우천 시를 대비한 계획이 없어 기존 계획을 모두 포기한 채 되돌아오는 경우도 있다. 어렵게 만든 시간이니만큼 보다 알차고 소중한 추억을 많이 만들게 되면 동료 간 유대감이 강해지는 것이다.

워크숍 후 퇴근 시간이 2시간 이상 빨라졌다.

평소 지점의 업무량이 많지 않은데 직원 대부분은 퇴근 시간이 늦었다. 1박 2일 워크숍을 계획하면서 장소를 '무의도'로 정했다. 무의도를 가려면 영종도에서 배를 타고 들어가야 한다. 배는 저녁 6시 20분이 마지막 운행되어 늦어도 영종도의 선착장까지 6시 10분에는 도착해야 한다. 사전 답사를 해보니 배를 타기 위해 적어도 지점에서 5시 15분에는 출발해야 한다는 계산이 나왔다. 출발시간에 대한 시간상 어려움이 부담이 되자 대부분 직원들이 도저히 갈 수 없다는 의견이었다. 하지만 '할 수 있다'라고 강조하면서 한편으로는 '해보자'며 설득을 했다.

직원들도 걱정이 되었는지 일주일 전쯤 차장을 중심으로 도상 훈련을 해보았다. 외환 시재를 나누어서 마감하고, 어음 교환은 배송 차량 루트를 파악하여 인근 지점에 행낭을 가져다주는 등의 치밀한 노력에도 출발 시각인 5시 15분을 맞추지 못하여, 3일 전 다시 한 번 도상 훈련을 하였다. 이때는 전 직원 모두 업무 마감에 집중하여 서로를 도와주는 등 직원 간의 동료애뿐 아니라 일체감과 동질감을 느끼게 하는 매우 뜻있는 훈련이 되었다.

그 결과 워크숍 당일에는 아주 여유 있게 선착장에 도착하였고, 한편으로는 우리도 할 수 있다는 자신감에 도취되어 워크숍이 캠프파이어와 함께 밤새도록 이어졌다.

다음 날에도 미리 준비된 행사를 모두 진행하여 지점에는 오후 6시에 도착하였다.

이런 과정에서 직원들 간 깊은 유대감과 일체감을 갖게 된 것은 물론이다. 의외의 결과도 있었다. 업무 마감 시간이 평소 8시에서 6시로 앞당겨졌다는 것이다. 도전의 과정은 힘들었지만 한번 성공한 경험은 계속 이어져서 일상적으로 6시에 퇴근할 수 있었다. 지점이 좋은 성과를 창출하고 업무를 마치는 시간이 빨라졌다는 소문이 돌자 우리 지점에서 근무하고 싶다며 자원하는 직원들도 있었다.

ALL Night 워크숍

몇몇 직원들이 금요일 저녁부터는 시간적으로 가능해도, 토요일은 각자 사정이 있어 도저히 시간을 낼 수 없다며 난색을 표하였다. 한마디로 직원 간 워크숍 일정 조율이 실패한 것이다. 그렇다고 해서 워크숍을 포기하지 않았다. 각자 개인 사정을 존중하여 밀도 있는 워크숍을 진행하기로 모두가 합의하였다. 합의된 워크숍은 금요일 업무를 마친 후 시내 장소에서 밤새도록 함께한 다음, 토요일 아침 식사를 마치면 바로 헤어지는 초단기 1박 2일 스케줄을 잡았다. 워크숍을 시작하면 만찬으로 맛있는 음식점을 선정하고, 동대문시장에서 야간 쇼핑(1인당 3만 원 범위 내 멘토 선물 준비)하기, 새벽 2시에 찜질방 입장, 찜질방에서 멘토 선물 교환 및 게임, 각자가 마음속에 있는 하고 싶은 말 하기 그리고 아침 해장국을 먹고 각자 집으로 귀가하는 것이다. 이런 행사를 통하여 짧지만, 하룻밤을 지새우고 서로에게 선물도 주고, 대화하는 과정에서 직원 간 끈끈한 유대감이 형성되었다.

최악의 워크숍

직원들이 워크숍을 배낚시를 가겠다고 했다. 사전 답사를 위한 지원자를 모집한 결과 4명의 직원이 기꺼이 다녀오겠다는 의지를 보였다. 다소 믿음이 가지 않아 사전 답사의 중요성을 충분히 설명하면서 경우에 따라서는 예약도 하라는 등의 지시를 했다. 워크숍 당일에 출발도 늦었지만, 금요일 저녁 퇴근 차량으로 오후 9시가 넘어서 식당에 도착하였다. 식당에는 사전 준비가 안 되어 도착 후 한동안 배고픔을 참다가 늦은 식사를 하다 보니, 술을 과음하기도 했다. 다음 날 아침 역시 식사 준비가 안 되어 컵라면 한 개를 들고 바람 부는 바닷가를 20여 분 남짓이나 걸어갔다. 직원 모두 워크숍에서 왜 이런 생고생을 해야 하느냐며 불만스러워하기는 당연한 일이었다. 낚시도 잘 될 리가 없었다. 평소 감정을 잘 드러내지 않던 지점장도 낚시를 중지하고 선착장으로 돌아가자고 했다. 경비는 경비대로 낭비하고 고생은 고생대로 한 최악의 워크숍이었다. 기억에는 오래 남아 있겠지만, 이 워크숍은 직원들 간 유대감과 동질감을 높이는 취지에는 완전히 실패한 셈이다. 따라서 워크숍은 그 의미를 어디에 두며, 사전 준비를 어떻게 하느냐에 따라 결과의 큰 차이를 가져온다.

06. 목표 달성 의지를 강렬하게

조직에는 2:8 법칙이 작용한다고 한다. 보통의 경우 지점 직원 중 20%는 리더의 말과 지점 발전을 위하여 너무나도 적극적인데 80%는 열성적이지 않다는 것이다. KPI 목표 달성을 위한 경쟁 군에서 승리하는 방법은 여러 가지가 있겠지만 2:8 룰을 4:6 또는 7:3으로 변화시키면 된다. 이것은 리더의 능력이며 역량의 문제다.

잭 웰치가 '99번 말한 것은 말하지 않은 것과 같다.'라고 한 것처럼, 조직이 달성해야 하는 최종 목표와 긍정의 마인드를 지속해서 이야기하고 이해시켜야 한다. 일정한 목표를 실행해 갈 때 '나는 할 수 있다'라는 반복적 자기암시로 마인드를 강화해 가듯이, 리더는 지점 직원 모두가 '할 수 있다'라는 확실한 의지를 가지도록 열정적이고 반복적인 소통을 해나가야 한다. 따라서 리더의 일관성 있고 강력한 긍정의 의지 표현은 직원들이 목표 달성에 확신을 가지는데 매우 중요하다.

지점장은 직원들 모두가 지점장과 같은 역량을 가지고 있다는 믿음을 바탕으로 직원들과 함께 업무 추진을 한다는 자세를 가져야 한다. 즉 상하적 관계에서 업무적 지시에 따른 영업 추진보다는 직원들이 스스로 열정을 발산할 수 있도록 지점 분위기를 만들어 가는 것이 좋다.

실패하는 지점장의 사례를 보면, 지점장의 강한 열정만으로 직원들을 목표 달성의 명분으로 끌어가려고 한다. 그리고 게시되는 실적에 조급한 마음으로 인하여 지점 경영을 망치는 것이다.

따라서 지점장의 역량을 100으로 가정한다면, 지점장의 강한 의지와 직원들의 열정(공감대)이 100:100 수준이 되어야 발전적 비율이다. 직원들도 지점장과 같이 목표 달성에 대한 강한 의지를 갖도록 하려면, 리더는 목표 달성 방법과 방안을 구체적이고 명료하게 설명하여야 하며, 직원들은 이를 충분히 이해하여 실현 가능성에 확신을 가지면서 동참하게 된다.

직원들과 함께하는 추진 방법은 세심하게 진행해야 한다. 먼저 열정적인 직원들이 추진 방법에 대한 다양한 아이디어를 제안할 수 있도록 자유로운 소통 분위기를 조성해 준다. 직원들의 대화가 사생활 등 아무런 이야기나 스스럼없이 꺼내도록 자유스러운 분위기를 이끌어 주는 것이다. 마치 직원 개개인이 내가 주인이라는 인식 속에서 책임성을 가지고 동참할 수 있도록 하는 것이다.

공식적 회의와 가벼운 Tea Meeting 분위기가 다를 필요가 없다. 리더의 고정화된 생각과 말 그리고 회의 진행 방식이 소통의 분위기를 경직되게 만드는 경우가 있다. 필자는 직원들에게 이렇게 말하곤 하였다.

"직원 여러분들이 개떡같이 이야기해도 저가 찰떡같이 알아듣겠습니다."

여기서 리더가 중요하게 체크할 사항은 직원들이 회의에서 말하는 내용과 분위기를 잘 살피는 것이다. 먼저 목표 달성 의지가 강한 지점은, 자유로운 회의 분위기 아래 회의 전반부에는 일상적 내용이 대화의 소재가 되지만 시간이 조금 지나면 자연스럽게 업무적 내용으로 전환된다. 다음으로 열정이 떨어지는 지점은 회의 시간 대부분을 개인적인 일상을 말하고 업무적 내용은 대화의 내용에서 완전히 배제되기도 한다. 자유스러운 분위기에서도 업무와 관련된 작은 내용이라도 나오면 대화가 딱 끊어지고 서로 눈치를 보는 상황이 되면 곤란하다. 자유로움 속에서 목적성이 있는 분위기를 지점장이 부드럽게 리드하고 창조해야 한다.

지점 직원들의 KPI 목표 달성 의지를 강화하기 위하여 KPI 과목별 지점장 제도를 운용한다. 전 직원이 KPI 항목을 나누어서 자신이 담당하고 싶은 KPI 항목을 자율적으로 선정토록 하여 개인적으로는 1~3개의 KPI 항목을 담당하게 된다.

최종에는 담당 KPI 과목에 대한 일부 조정이 필요하겠지만, 자율적 선택이 기본이 되어야 한다.

이런 제도를 실시할 경우 명심해야 할 사항은 '과목별 지점장'의 취지와 KPI 항목이 영업 평가에서 차지하는 비중 그리고 권한과 책임 등을 충분히 설명하여 직원들이 자신이 추진하는 KPI 항목에 강한 자긍심을 가질 수 있도록 한다.

각 항목별 추진 계획, 핵심 내용의 교육, 동료 직원에 대한 협조 요청, 추진 과정의 피드백, 예산 지원 등이 모두 '과목별 지점장'에게 권한을 분명히 위임하고 운영 취지에 대하여 설명하고 강조해야 한다.

KPI 과목을 나누다 보면 열정과 의욕이 넘치는 직원들이 어려운 KPI 과목을 추진하지만 입행한 지 1년 미만인 직원도 KPI 추진 과목을 가지게 된다. 따라서 직원들의 개인적 역량이 매우 다양하므로 추진 과정에서 개개인별로 어떤 어려움과 문제점이 있는지를 파악하고 피드백을 통한 코칭과 지원에도 각별한 노력이 필요하다

때론 직원 상호 간 협조적 상황인지, 배타적 상황인지를 수시로 살펴야 한다. 이런 과정을 통해서 조직 문화 중 상의하달식의 수동적 업무 자세를 능동적이고 적극적 행동으로 전환하고, 추진 과정에서 달성한 작은 성과라도 격려와 칭찬을 아끼지 않음으로써 일하는 보람을 찾게 해주는 것이다. 리더는 부하 직원들에 대한 육성 책임이 중요한 업무 중 하나이다. 직원 개인적으로는, 평소 윗사람 지시에 따른 수동적 업무 처리 자세에서 본인이 직접 KPI 항목을 기획하고 추진하는 등 능동적 마인드가 되고, 체험적 경험을 통한 자신의 발전과 내면적 성숙감을 찾아가는 매우 중요한 과정이 된다.

현장의 예를 들면 지점 직원들은 담당 업무에 대한 기본의 직무가 있다. 그러나 지점의 목표 달성과 KPI 성적을 높이기 위하여 전 직원이 상호 협조적으로 함께 노력한다. 리테일 영업점의 경우 소호 담당자는 기업 여신이라는 업무를 담당한다.

대체로 소호 담당자들은 상품 판매 실적이 매우 낮다. 소호 업무 특성상 업무량이 과중하다는 사유도 있지만, 일부는 소호 업무의 난이도가 높고 업무량이 과중하다는 평계를 바탕으로 상품 판매는 안 해도 된다는 우월감과 배타심을 가진 직원들이 있다. 구성원 간 목표 달성 의지가 매우 높은 조직은, 자신의 담당 업무와 업무량에 관계없이 지점의 목표에 대하여 헌신적 노력을 하는 직원이 많다.

지점장은 직원들이 어떤 생각과 행동을 하고 있는지 대화로써 파악하려고 노력하는 한편, 제반 실적과 결과치를 통하여 직원들의 목표 달성 의지에 대한 열정의 온도를 항상 느끼려는 노력을 해야 한다. 지점 실적에 대한 현상과 세부적 내용을 명확히 볼 수 있는 노력을 통하여 조직 경영의 지혜로움을 얻을 수 있다.

07. 자신감을 높이고 도전하자

직원들에게 본인의 인사 평가 항목에 스스로 평가 점수를 체크하고 최종 평가를 요청한 경우가 있었다. 연초에 제출하는 본인의 성과 계획(업무, 교육 등)에 관한 결과를 기술하고 항목별로 1~5등급까지 평가를 각자가 양심껏 하도록 하는 것이다.

평가 항목 중에는 숫자 또는 등수로 명확히 표시되는 계량적 항목과 그렇지 않은 비계량적 항목이 있다. 계량적 항목은 객관성이 명료하여 평가자의 생각과 대부분 일치한다. 비계량적 항목 등은 자신을 실제 노력보다 높게 평가할 수도 있다. 하지만 대부분의 직원은 자신의 역량과 성과 달성을 알고 있다. 일부 몇 명의 직원은 상향 평가를 하는 경우가 있고, 반대로 자신의 노력보다 낮게 평가하는 겸양의 직원들이 있다. 하지만 대부분 직원은 자신을 명확히 파악하고 있다. 직원 개개인이 기본적으로 인식하고 있는 수준을 근거로 하여 개별 면담을 통하여 코칭을 한다면 직원은 지점장의 코칭 내용을 근거로 보다 용기 있게 업무에 도전할 것이다. 따라서 지점의 업무 성과와 직원 개인적 발전을 함께 이룰 것이다.

대부분 직원은 자신이 담당하는 업무에 우수한 성과를 달성하고 지점장으로부터 인정받고 싶어 하는 마음을 가지고 있다.

회의 때 매번 부정적으로 말하는 직원도 마음의 밑바닥에는 본인도 잘해 보려는 의지를 가지고 있다고 보면 된다. 단지 노력한 만큼 성과가 나지 않는다는 경험에서 '안 된다'는 말을 앞세울 뿐이다. 어떻게 보면 '표현 방법'이 부정적인 것이다.

부정적 시각의 직원은 본인의 일상적(습관적) 업무 방식과 생각을 획기적으로 개선할 필요가 있다. 따라서 부정적 직원은 성과 창출을 위한 노력이 구체적이지 못하고, 효율적인 아이디어를 치열하게 고민하여 방법론을 제시하지 못한다는 뜻일 수도 있다.

다시 되돌아가면 지점장은 '안 된다.'라고 말하는 직원에게 어떤 자료를 가지고 어떠한 방식으로 하면 된다는 확신과 디테일한 방법론까지 설명하여 '(진정성 있게)해 보겠습니다.'라는 말이 나오도록 해야 한다. 이 직원이 중간 간부라면 그동안 근무한 경험을 바탕으로 아이디어를 창출하려는 노력을 해야 하는 것은 당연하다. 만일 본인 스스로 하지 않으면 지점장이 구체적 방안을 제시하면서 소극적이고 부정적인 직원들을 적극적 실행자로 바꾸면 된다.

지금은 PC만 두들기면 세상 모든 것을 알 수 있는 엄청난 정보 사회이다. 정보사회에서는 '무엇을 하는 것'도 중요하겠지만, 더욱더 중요한 것은 '어떻게 하느냐'가 핵심이다. 대형 마트의 직원용 사무실에 이런 문구가 적혀 있었다.

'남과 똑같이 해서는 앞설 수 없다.'

이 문구는 직원 간 경쟁을 부추기는 말이 아니다. Creative 개념에서 항상 생각하라는 의미로 해석된다. 일상에서 더 빠르게, 더 효율적인 업무 처리 방법을 찾으려고 노력하는 것도 경쟁력을 높이는 방법이다.

도전에 가장 중요한 덕목은 '용기'다. 혜민 스님이 적은 일간지 칼럼을 보면, 무엇을 하든 두려움이 없는 학생이 자기 스스로를 성장시키고 미래를 잘 헤쳐 나간다는 것이다. 자신의 미래를 위해 그런 용기를 내는 사람을 세상도 돕는다. 그런 사람은 하늘이 이미 정해 놓은 것이 아닌, 나 스스로가 되어야지 하고 용기를 내는 순간 내 운명의 방향도 바뀌게 된다.

닥치는 대로 일하자

A 지점은 15명의 직원 중에 입행 1년의 신입 직원이 3명이 있었다. 고객을 맞이하여 다양한 업무를 처리해야 하는 지점에서는 신입 직원이 3명이나 되면 영업에 어려움이 있을 수 있다. 은행에 입행하는 신입 직원들은 학력이 매우 높은 인적 자원이다. 단지 현장의 경험과 업무 처리의 성숙도가 낮지만, 개인적인 역량은 매우 높다. 신입 직원이 3명이나 되어 영업과 목표 달성하는데 어려움이 있다고 생각하기보다는 이들이 역량을 충분히 발휘토록 하여 직원 육성과 지점 발전에 기여토록 만들면 된다. A 지점장은 3명의 신입직원에게 "앞으로 1년간 닥치는 대로 일하라."라고 부탁을 하였다. 개인적으로는 '내가 왜 이런 일

을 해야 하지?'를 생각하지 말고 아주 사소한 현장적 경험도 필요하다는 뜻이다. 예를 들면 사무실 복사기 사용도 모두 다르다. 복사기 제조 회사에 따라서 복사 방식이 다른 것이다. 복사를 1장 할 때 직원의 능력이 비교되지 않는다. 하지만 복사지 크기와 서식이 다른 다양한 회의 자료를 복사하려면 평소 복사기 특성을 잘 아는 직원은 2~3분이면 가능하지만, 모르는 직원은 10분이 되어도 똑같이 복사하기 힘들게 된다. 이런 사소한 것부터 경험하고 배움이 필요하여 '닥치는 대로 일하라.'는 것이다.

1년 뒤 2명의 직원이 신입 직원 최우수상을 수상하였다. 신입 직원의 역량은 입행 4~5년 직원과 같은 역량을 발휘하고 있었다. 신입 직원들은 "실수해도 괜찮아, 용기 있게 하고 문제가 발생하면 지점장에게 빨리 보고하면 해결해 줄게."라는 지점장의 듬직한 말이 가장 큰 힘이 되었다고 한다. 지점장의 내공과 관심에 따라서 유능한 인재를 만들 수 있다.

08. 자신의 일에 100% 몰입

먼저 개인적인 업무 몰입도가 모여서 지점의 몰입도가 된다. 그러면 어떻게 직원 개개인의 몰입도를 높일 수 있는가? 리더가 회의에서 '자신의 업무에 몰입하십시오.'라고 강조한다고 될 일은 아니다. 직원들이 자연스럽게 자신의 업무에 몰입도를 높여가도록 분위기를 형성하고 가이드해주는 것이 필요하다.

어느 일간지에 게재된 휴먼솔루션그룹(HSG) 최규철 대표에 의하면 몰입한 사람의 뇌를 촬영한 결과 '이성의 뇌'라고 불리는 전두엽이 활발히 움직이고 있었다. 전두엽을 자극하면 저절로 몰입하게 된다는 것이다. 따라서

① 내가 결정했다는 인식을 갖게 하라.

-판단, 통제, 결정과 같은 고등 정신 작용을 담당하는 전두엽은 누가 시키는 일을 한다고 생각하는 순간 활동이 둔화된다. 따라서 자율성 부여가 몰입을 낳는다.

② 골디락스 업무를 맡겨라

-인간의 뇌는 너무 쉬운 일을 하면 따분함을 느끼고 반대로 너무 어려운 일을 해도 뇌는 쉬고 싶어진다. '적당한 긴장감'이 있을 때 전두엽이 가장 활발히 활동한다.

③ 의미를 부여해야 한다.

-뇌는 의미를 느낄 때 몰입하게 된다. 이때 세로토닌과 같은 긍정 호르몬이 분비되고 즐거운 감정이 생긴다.

몰입도를 높여야 하지만 어려운 시기가 있다. 연초 인사이동 시기가 되면 승진과 이동의 기대감으로 지점 분위기가 영업에 집중되지 않고 들떠있다.

그리고 상반기 마무리를 위한 힘든 과정을 마치고 하반기가 시작되면 상반기에 우수한 성적으로 마무리한 열정적 분위기는 어디로 갔는지 모른다. 휴가가 시작되면 옆 직원의 휴가로 인하여 개인적으로 업무량이 증가한 사유도 있겠지만, 상품 판매 실적에 대한 집중도가 급격히 떨어진다.

이 시점에서 어떻게 몰입도를 높여야 하는지 많은 고민을 하게 된다. 지점 경영에 제일 어려운 타이밍이라는 생각이 된다. 하지만 몰입도를 높이는 몇 가지 방법을 적어 본다면 다음과 같다.

첫째, 선택과 집중 항목을 설명하고 의미를 부여하라

지점의 전년도 성적과 조직 구성원의 변화 등을 통하여 강·약점을 파악하고 올해 KPI 목표에서 제일 중요한 항목과 지점의 영업 환경 등을 분석하여 현재 직원들과 가장 효율적인 성과를 창출할 수 있는 항목을 목표로 선정하고 추진한다.

단, 직원들의 몰입도가 일정 수준 이상이라면 하부 단계에서부터 시작할 필요는 없다. 2~3개의 KPI 항목을 선정하고, 직원들이 노력하여 달성 가능한 120% 수준의 목표치를 직원들이 적극적으로 참여하여 논의하는 과정을 거쳐서 정하는 방법과 경쟁 군에서 1등 하겠다는 목표를 정하면 1등에 필요한 예상 실적을 산정하여 1인당 목표 달성 실적을 계량화하고 공감대를 명확히 하는 것이 좋다(여기에서는 가장 낮은 단계를 전제로 설명한다).

둘째, 성취감을 맛보게 하라

위에서 선정된 KPI 항목 중 가장 중요한 1개 또는 2개 항목을 대상으로 전 직원이 함께 노력하도록 리더가 적극적 홍보를 해야 한다. 지점 KPI 성적이 매년 낮은 지점은 직원들의 자신감이 많이 낮아져 있다. 겉으론 표현하지 않지만, 항상 한계성을 가지고 생각하고 노력하기 때문이다. 따라서 많은 KPI 항목 중에서 한 개 과목에 전 직원이 집중하여 추진하다 보면 하루하루의 성과를 지점 구성원들이 느낄 수 있고 개인적으로 느끼는 성취감과 함께 우리 지점도 할 수 있다는 공감대가 형성된다.

개인적 자신감과 구성원들의 사기가 높아지면서 집단적 자신감을 가지게 된다.

본부에서 실시하는 프로모션과 연계되어 추진하면 더욱 좋은 상승효과를 볼 수 있다. 프로모션과 연계된 상(상금, 해외여행 등의 포상)이 직원들의 열정을 좀 더 자연스럽고 재미있게 끌어내는데 적극적으로 활용할 필요가 있다.

예를 들면 A 지점장이 인사발령으로 새로운 지점에 부임하여 지점의 과거 성적을 분석한 결과 약 10년간 하위권 성적을 벗어나지 못한 지점임을 파악하였다. 본부에서 받은 목표는 과거 상권이 활성화되었던 실적에 따라 배정되었지만, 현재는 상권이 급격히 침체하였으며, 목표 부여 시 영업 환경이 제대로 반영되지 않았다. 일정 수식에 따라 할당된 KPI 목표에 불만이 있지만, 직원들에게 목표가 많아서 어렵다는 말은 하지 않았다. 그리고 직원들과 잘 지내자는 마음으로 직원들에게 약속(선포)을 했다.

약속 내용은 '지점 직원 모두를 해외여행을 보내겠다.'였다. 그 당시는 해외여행 프로모션이 많아서 한 번쯤 희망을 가져볼 만한 목표였다. 가급적 실적 기여도가 높은 직원을 해외여행 우선순위로 한다는 원칙을 정하고 노력하였다.

직원들은 자신이 해외여행을 갈 수 있다는 구체적인 목표에 대하여 전 직원이 희망을 품고 일하게 되었다. 처음에는 전 직원이 해외여행이 있는 프로모션에 집중함으로써 몰입도가 매우 높아졌다. 1명의 직원이 해외여행이 결정됨으로써 직원들의 마인드가 모두 바뀌게 된 것이다. '우리도 하면 된다.', '나도 해외여행 갈 수 있겠네.', '이것이 재미있네.' 등등 이론적이지 않고 감성적인 느낌을 받으면서 조직의 열정 온도계가 급

상승하게 되었다. 아울러 직원들이 지점장에게 가지는 신뢰감은 매우 높았다.

  4~5월이 되면서 해외여행과 연계된 KPI 항목뿐 아니라 다른 KPI 항목도 좋은 성적을 달성하고 연말에 우수한 성적을 거양한 사례를 보면서 지점 경영에 대한 많은 것을 얻을 수 있다고 생각된다.

셋째, 자존감을 높여 주어라

  일상생활에서 지점장의 말은 매우 중요하다. 너무 많은 말을 하면 직원들이 지점장의 핵심적 말이 무엇인지 알 수 없게 된다. 따라서 지점장은 직원들에게 하고 싶은 말은 많겠지만, 부정적인 말이나 잔소리 대신 '참아라.', '인내하라.'고 강조한다. 한문으로 참을 인(忍) 자는 칼(刀)로 마음(心)을 누르고 있는 것이다. 인간의 감각은 매우 발달해서 남녀 간 만남에서 단 몇 초의 시간에 상대가 나와 맞는지 아닌지를 파악한다고 한다. 지점 직원들도 지점장의 말속에서 다양한 느낌을 받고 진정한 의미를 간파하게 된다. 여기서 제일 중요한 것은 지점장의 진정성 있는 말이다. 가식적인 말은 아무리 포장을 잘하여 립서비스를 해도 직원들이 지점장의 마음을 모두 알고 있다. 매일 같은 공간에서 생활하기에 더욱 잘 느낄 수 있다. 제일 중요한 것은 지점장이 사랑스러운 후배들을 위하여 때로는 코칭하는 진정성 있는 내면적 마인드이다.

앞에서도 이야기했듯이 지점의 성공과 실패의 여부는 지점장의 역량에 85%가 달려 있다. 진정성을 바탕으로 직원들의 자존감을 높여 주어야 한다. 예컨대 A 지점장은 평소 직원들의 먹을거리(점심, 저녁 식사, 회식 등)는 가장 좋은 것을 주문하라며 지속해서 말한다. 종종 원거리의 맛집에서 갈비탕을 배달시켜 주는 등 빠른 실천을 구체적으로 노력을 하는 지점장이다. 퇴근할 때 야근하는 직원들이 있으면 제일 좋은 음식, 제일 먹고 싶은 메뉴를 시켜 먹을 것을 강조한다. 다소 경비가 부족하여도 이런 배려에는 과감한 지점장의 의지가 필요하다. 직원을 진심으로 사랑하는 마음이 통해서인지 이 지점은 항상 우수한 영업 성적을 거양하고 있다. 먹는다는 것은 인간의 가장 기본적 욕구이다. 지점장이 제일 좋은 식사를 챙겨주는 과정에서 직원들은 자존감이 높아졌을 것이다. 자존감을 높이는 가장 핵심적 역할은 지점장이 직원들의 노력에 구체적으로 칭찬, 격려, 인정해 주는 과정을 통하여 꽃을 피우게 된다. 지점장과 직원과의 신뢰감도 자연스럽게 높아지면서 조직의 역량은 업그레이드를 하게 되는 것이다

넷째, 크고 무거운 공은 처음 움직일 때 제일 힘들다

연초와 여름휴가 기간에는 지점 직원들의 몰입도를 높이거나 영업 동력을 올린다는 것이 참으로 힘든 작업이다. 그렇다고 업무 실적의 결과만을 가지고 독려하는 것은 지점 전체적 분위기를 나쁘게 한다.

따라서 새롭게 몰입도를 높이면서 영업 동력을 올리는 방법은 지점 자체적으로 KPI 항목 1~2과목을 대상으로 Spot 형식의 프로모션을 진행하는 것이다. 이때는 평가 및 시상 기간을 아주 짧게 잡는 것이 좋다. 1일 단위 또는 1주일 중 월~화 및 목~금을 시상일로 정하여 보다 더 집중 및 몰입할 수 있도록 노력한다. 프로모션 관련 실적이 우수한 직원을 시상하면서 우수 사례를 공유하는 것이다. 아울러 지점장은 프로모션에 대한 적극적 관심과 우수 직원에 대한의 칭찬을 아끼지 말아야 한다.

여기서 우수 사례를 발표하게 하는 것도 빼놓을 수 없다. 지점 직원들이 프로모션과 관련된 상품을 판매하는 역량은 차이가 있다. 따라서 프로모션 항목에 대한 학습 정도와 상품 판매를 위한 영업 스킬을 배울 수 있는 기회를 제공하는 것이다. 프로모션 실적이 부족한 직원들은 스스로 역량이 낮다고 말하지 않는다. 그러므로 이런 우수사례 발표를 통하여 '나도 해야겠다는 마인드'가 새롭게 형성되며, 영업 요령에 대하여 귀동냥을 하게 된다. 아울러 지점장의 칭찬과 시상을 통하여 지점 직원들의 생각과 행동을 긍정적이면서 선순환 구조로 전환하여 몰입도를 점진적으로 높여 가는 것이다.

직원들이 모인 자리에서 실적이 부진한 직원을 지명하여 말하는 것은 피해야 한다. 일정 기간 실적이 평균보다 너무 낮은 직원이 있으면, 개인적으로 애로사항을 들어보고 코칭을 해 주어야 한다. 운동선수가 시합 전 몸을 풀기 위하여 워밍업을 하듯이 직원들의 마인드와 영업 스킬을 워밍업 한다는 개념으로 재미있게 진행하면서 점차 조직의 탄력을 끌어올리는 것이다.

지점장으로서 직장에 대한 높은 로열티와 열정 그리고 목표에 대한 책임감과 중압감을 느낀 나머지 오직 결과물인 실적만 독려하는 리더가 있다, 실적이 부진한 직원들을 채근해 나가면 일시적인 성과 창출은 있겠지만, 지속적 성과 창출을 어렵다. 여기서 가장 중요한 것은 리더의 인내심 그리고 디테일한 관심과 노력이다.

각별한 노력은 하지만 구체적 성과를 내지 못하는 직원(신입직원)이 있으면 지점장은 업무 내용 교육, 마케팅 자료 제공, 상담 스크립터 작성 내용 등을 점검하면서 우수 직원을 벤치마킹할 수 있는 시간을 배려하고 결과에 대한 피드백을 통해 적합한 영업 역량을 찾아주는 노력을 아끼지 말아야 한다.

이런 노력을 지점장이 직접 해야 할까. 시간이 없다고 말할 수도 있겠지만, 필자는 가능하다면 지점장이 직접 하기를 바란다. 만일 선임 책임자에게 실적이 낮은 직원의 교육을 맡기더라도 학습 과정별 핵심 사항은 반드시 파악하고 적극 코칭을 해야 한다. 피교육자의 역량이 일정 수준 올라오면, 영업점 목표 달성을 위한 또 한 명의 새로운 지점장이 탄생한 것이다. 열정적 직원은 지점장 이상의 성과를 창출할 수 있다는 믿음을 가져야 한다. 이런 과정 속에서 부수적으로는 직원과의 신뢰감이 더욱 높아질 뿐만 아니라, 후배 직원이 발전하게 되고 지점 성적에 대하여 열성 직원이 만들어진다.

01. 생각의 근육을 키우자

02. 일하는 즐거움을 만들어 보자

03. 조직 문화를 자유롭게, 즐겁게

04. 수신제가 치국평천하

05. 인사 자세에 마인드가 숨어 있다

06. 명료한 포상과 시상

07. 청소를 하면서 주인이 된다

08. 고객서비스(CS)는 직원 마인드의 토양

3부

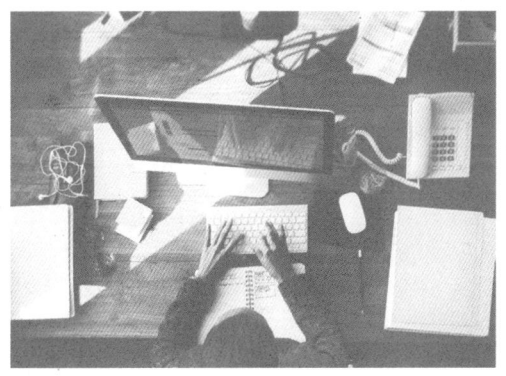

01. 생각의 근육을 키우자

● **리더는 회사에 다니는 것이 목적이 되어야 한다**

필자는 한 번쯤 부지점장에게 이렇게 질문하였다.

"김 부지점장은 은행을 수단으로 다닙니까? 목적으로 다닙니까?"

질문을 받은 직원은 답변하기가 다소 어려운 듯한 표정을 짓는다 현재 근무하고 있는 직장을 '수단입니다.'라고 말하기에는 현재 직급에서 대답이 너무 가벼운 것 같고, 그렇다고 이 직장이 내 인생의 '목적입니다.'라고 당당히 말하기에는 자존심이 낮아지는 듯한 기분이 들어 답변을 망설였을지 모른다.

이 질문의 해답은 '이 직장에서 성공하는 것이 목적입니다.' 말하고 그렇게 행동하는 것이다.

양심적으로 100% 목적성이 아니라 하여도, 이처럼 말하고 행동하는 과정에서 긍정의 마인드가 형성되고 자신의 업무에 열정을 가지며 일을 통해 지혜를 얻는다. 이런 지혜로움이 쌓이면 인생이 정신적 및 물질적으로 풍요로워질 수 있다.

지혜로움은 다양한 방법으로 얻을 수 있다.

책을 통하여 얻기도 하고, 절박한 상황에서 극단의 노력으로 어려움을 극복하면서 얻기도 한다. 필자는 후배들에게 "공자와 맹자는 어느 대학을 나왔는가?"라고 묻기도 한다. 성현들은 유명 대학을 나오지 않아도 우리는 이들의 가르침을 약 2,000년이 지난 지금에도 읽고 있다. 그러면 성현들은 어디에서 배웠을까?

오랜 탐구와 삶의 경험을 바탕으로 하늘의 섭리와 세상사 이치를 깊이 통찰하여 깨달은 지혜 말씀일 것이다.

범부인 우리도 마찬가지다. 자기 일에 몰입하는 가운데 열정을 쏟으며 노력하여 얻는 지혜는, 현재 일하는 직장에서만 통용되는 것이 아니라 모든 조직과 직장에서 무슨 일을 하여도 통하는 훌륭한 그릇이 되는 것이다.

● 왜 우리는 1등 하는 사람을 뽑을까?

과거 TV 코미디 프로에서 표현하였듯이 1등만 알아주는 더러운 세상이 되어서일까?

학교에서 배운 다양한 전문적 지식을 직장에 와서 얼마나 사용할까? 그런데 왜 우리는 공부를 잘한 사람을 채용하는가?

회사는 1등을 목표로 노력한 사람을 채용하는 것이 아니다. 1등을 목표로 노력하는 과정을 통하여 훈련된 사람이 대체로 성실하다는 신뢰감으로 채용하는 것이다.

공부를 잘하는 사람은 이런 훈련을 받는다. 우리의 고등학교 시절로 돌아가 보자. 3월에 새 학기가 시작하고 4월에 중간고사와 6월에 기말고사 시험을 보게 된다.

공부를 잘하는 학생의 행동적 습관은 먼저 목표를 설정한다(예: 전교 1등). 그리고 과목별 시험 범위에 따라서 계획표를 철저히 작성한다(과목별 학습 시간, 책, 공책, 문제집 등의 학습 자료를 어떻게 공부하고, 몇 번을 볼 것인지 정한다). 다음으로는 1등 목표를 달성하기 위한 노력의 과정에서 완벽함을 추구하고 몰입을 경험하게 된다. 그리고 시험 결과에 따라서 자신감이 충족되고 또는 실패에 대한 아쉬움을 가지게 된다. 여기서 목표 달성을 실패한 원인을 분석하고, 기말고사에서 새롭게 도전하겠다는 의지를 다짐하게 된다. 즉, 공부를 잘하는 직원을 채용하는 것은 이런 과정을 통하여 새로운 도전에 반복적으로 훈련된 인재를 선발하는 것이다.

따라서 직장에서도 학생들의 시험 과정과 같은 과정적 훈련을 한다면 세상 삶에 있어서 지혜로움을 얻을 수 있을 것이다. 앞장에서 부하 직원의 육성에 대하여 언급했지만, 후배 직원의 성공적 인생을 위하여 사랑의 마음을 가지고 코칭해 줄 필요가 있다.

영업성과는 지점장과 직원이 서로가 애정어린 믿음을 느끼는 과정에서 자연스럽게 만족할만한 결과를 거둘 수 있는 것이다.

● 생각의 근육을 키워라

생각하는 근육이 따로 있다. 의학적으로 검증된 것은 아니지만 젊어서부터 창의적 생각을 자주 하고 노력한 사람은 생각의 근육이 발달하여 더 어려운 일과 많은 일이 닥쳐도 잘 해결해 나간다.

　윗사람이 시키는 일만 해온 사람은 직위가 올라가도 자신의 직무 수행이 힘들어진다. 리더의 자리에 가면 결정할 일들이 쌓이게 마련이다. 또한, 보다 효율적인 결정을 위해, 그리고 남다른 아이디어를 창출하기 위해 깊은 고민을 한다. 아울러 다양한 상황과 변화, 불확실성이 농후한 현상 속에서 지혜롭게 판단하고 결정해야 하는 일은 한둘이 아니다

　지점장 중에서도 생각의 근육이 약한 이들을 가끔 본다. 지점장이라는 직급까지 오는 동안 세상사와 함께 직장에서 수많은 경험을 하고 업무의 실무적 측면에서도 최선을 다하여 지점장의 자리까지 왔지만, 평소에 Thinking을 깊이 있게 하는 훈련이 안 되어 중요한 일을 아주 단순하게 처리하거나 결과적으로 업무 성과가 낮게 나오는 등 항상 어려움을 겪는 이들을 본다. 생각하는 습관도 훈련이 필요하다. 핵심 사항을 꿰뚫어 보는 직관력과 다양한 핵심 사항을 하나로 통합하는 통찰력을 가질 수 있도록 생각의 근육을 키워야 한다.

　헬스장에서 꾸준히 운동을 하여 20킬로그램 역기를 30회씩 하는 사람은 문제가 없지만 특별한 운동을 하지 않은 사람에

게 어느 날 역기를 30회 들게 하면 도저히 할 수 없을 것이다. 운동을 통하여 근육을 늘려가는 과정도 중요하다. 예를 든다면 한 달 동안 본인이 들 수 있는 최고 무게의 역기를 들었다고 하여 보디빌더 대회에 출전하는 선수처럼 근육이 늘어나는 것은 아니다. 근육의 발달은 점진적인 운동을 통하여 근육이 단련되어야 가능한 일이다. 근육이 한 단계씩 늘어 날 때마다 과정적 성장통을 매번 겪어야 한다.

근육의 발달과 성장통은 밀접한 과정적 관계에 있다는 것을 이해하고 노력할 필요가 있다. 생각의 근육도 이와 똑같다. 능력 있는 직원들을 육성하기 위하여 생각의 근육을 키워주어야 한다. 그 순간에는 근육을 키우는 과정이 고통스럽고 힘들 수 있지만, 지점장의 진정성 있는 코칭이 있다면 직원들은 더 즐거운 마음으로 생각의 근육을 키워 갈 수 있을 것이다.

에디슨의 생각하는 방법

인간의 뇌 활동이 가장 활발하게 일어나는 경우는 잠들기 전과 잠에서 바로 깨어났을 때라고 한다. 즉 잠들기 전에 한 가지 생각을 골똘히 하는 경우와 잠에서 깨어나서 해결되지 않은 일에 대하여 생각하면 아이디어가 가장 활발하게 일어나게 된다.

따라서 많은 발명을 한 에디슨은 의자에 앉아서 팔을 아래로 내려놓고 양손에 쇠구슬을 쥐고 잠이 든다. 양손 밑바닥에는 쇠로 된 쟁반이 있다. 양손에 쇠구슬을 쥐고 의자에 앉아서 잠이 들려는 순간에 아이디어가 떠오르고 잠시 잠자는 순간(깜박하는 순간) 손에 있는 쇠구슬이 쇠 쟁반으로 떨어져 잠에서 깨어나게 된다. 이때 새로운 아이디어를 얻는다는 것이다.

02. 일하는 즐거움을 만들어 보자

가끔 직원들에게 이런 질문을 하였다.
"누구를 위해 일합니까?"

정답도 없는 질문이지만 직원들이 한 번쯤은 '왜 일하는가?', '누구를 위해 일하는가?'를 깊이 있게 생각해 보는 시간을 마련하여 직원들과 토론해 보는 것도 의미 있는 소통이 된다. 적잖은 직원이 '자기 자신을 위해서 일한다.'라는 답변을 하였다. 이에 필자는 자신을 위해서 일한다면 세상에서 가장 재미있는 일을 찾아야 된다고 강조하였다.

A 대리는 직장의 사무직에 재미가 없다고 생각하고 이직을 고민하던 중 에버랜드 놀이공원에 갔다. 에버랜드 놀이공원 직원들이 고객을 맞이할 때 손을 흔들면서 '방가', '방가' 하

며 인사하는 모습이 재미있고 스트레스를 받지 않는다는 생각에서 이직을 했다. A 대리가 에버랜드 놀이공원에서 근무한 기간이 3년이 넘어간다면 지금도 손을 들고 흔들며 인사하는 '방가', '방가'가 재미있을까?

자신이 하는 일에서 즐거움을 찾는 방법은 첫째는 본인의 적성에 맞는 일을 하는 것이지만 둘째는 어떤 일을 하느냐보다는 하고 있는 일에 깊이 있게 몰입하고 즐기는 습관적 자세가 더 중요할 것이다.

직장인 대부분은 자신이 맡은 일이 과중하다며 불평을 늘어놓는다. 지나친 업무로 힘들며 스트레스를 심하게 받는다고 한다. 따라서 업무량이 많을지라도 직원들 스스로 열정을 기울이며 즐겁게 일하도록 이끌어주는 것 또한 리더의 책임이다. 요즘 스트레스에 대한 기존 학설이 바뀌었다. 즉 똑같은 난이도와 업무량을 가진 프로젝트가 있다고 가정하면, 스스로 열정을 불태우면서 몰입하여 즐겁게 일하는 A 직원은 이 프로젝트가 스트레스가 아닌 놀이 대상이다. 하지만 B 직원은 이 프로젝트를 왜 내가 해야 하는지부터 의문을 가지면서 부정적, 비판적 마인드로 일을 한다면 B 직원에게는 엄청난 스트레스가 된다. 리더는 B와 같은 직원의 생각과 마인드가 긍정적으로 바뀌도록 노력을 해야 할 의무가 있다. 먼저 일에 대한 의미를 부여한다. 프로젝트의 중요성에 대하여 구체적으로 설명하고, 이것을 성공적으로 처리했을 때 지점과 조직이 발전에 얼마나 도움이 되는지 설명을 해준다.

아울러 프로젝트 추진 과정에 대한 지속적 관심과 코칭으로 작은 성취감을 맛볼 수 있도록 한다면 B 직원도 즐겁게 일할 수 있는 자세로 바뀌게 된다. 세상에서 가장 즐거운 운동이 골프라고 한다. 취미 생활로 하는 골프 운동은 즐거움이 되지만 골프를 직업으로 하는 이들에게는 항상 즐거움의 대상이 되지 않을 것이다. 인간이 즐거움을 느끼는 종류 중에는 성취적 즐거움이 있다. 성취적 즐거움을 느끼는 과정은 자신의 육체적인 것과 정신적인 것을 한 곳에 몰입하여 자신을 잃어버리고 최선의 노력을 통하여 원하는 결과를 얻으면서 느끼는 성취감이라고 할 수 있다.

자신이 가장 많은 시간을 투자하는 직장에서 몰입하여 일하는데 즐거움을 얻는 습관이 길러진다면 행복한 인생을 맞이하게 된다. 몰입을 통하여 얻는 지혜로움은 한 가지 일에만 적용되는 것이 아니라, 세상 살아가면서 많은 곳에서 성공할 수 있는 황금 열쇠가 되는 것이다.

지점에서 일을 통하여 즐거움과 행복을 만드는 방법은 함께 생활하는 직장 동료와 지점장으로부터 노력한 과정을 인정받고 우수한 성과에 대하여 칭찬받으면서 자신감을 점차 높여 가는 것이다. 이때 자존감이 증대되면서 직장 생활이 행복해진다. 때로는 노력에 따른 결과가 실패하더라도 주변 동료로부터 격려받고 새로운 도전을 위한 용기를 얻게 되면 금세 자신감을 회복하게 된다. 인간으로서 즐거움과 행복을 느끼는 감정적 과정을 이해하고 잘 북돋워서 직원들이 직장을 즐겁게 일하는 놀이터로 인식하면서 자신의 성장과 발전을 위해 노력하고, 아울러 지점장이 즐거운 마음으로 지원한다면 행장(행복한 지점장)이 되는 것이다.

03. 조직 문화를 자유롭게, 즐겁게

평소 조금은 딱딱한 조직적 체계의 분위기에서 벗어나 직원 간 유대감을 강화하고 인간적 측면에서 친근감을 높이기 위하여 회식 자리가 만들어진다. 이런 회식 자리는 리더의 성향과 취향에 따라 매우 다양한 모습으로 진행된다. 지점장이 부족한 예산이지만 직원들을 격려코자 회식 자리를 만드는 궁극적 마음은 같을 것이다.

① 직원들이 열심히 노력한 것에 대한 감사한 마음에서
② 좋은 성과를 창출하여 축하의 분위기에서
③ 성과는 낮지만 힘든 과정에 있는 직원들의 사기를 높여 주기 위한 자리이다.

매일 아침 출근하면서 직원들이 서로 인사를 나누긴 해도, 일상 업무가 바쁘고 현안 업무 처리에 집중하다 보면 옆 동료와 인간적 측면이나 개인적인 취미 등을 이야기할 시간은 거의 없다. 따라서 업무적 소통도 중요하지만, 동료로서 인간적인 부분이나 개인적인 공감대를 공유하는 것이 필요하다. 회식 자리는 직원들이 서로 유대감과 친밀감을 높이는 기회의 시간이다.

 만일 회식 자리가 요식적인 행사로 시간이 길어지면 직원들 상호 간 소통은 그만큼 줄어든다. 우리의 회식 자리가 으레 리더의 건배사로 시작되지만 어떤 리더는 개인별로 건배사를 지명하는 바람에 건배사를 받은 직원 가운데는 심적 부담을 느껴 마음에도 없는 말로 건배사를 하기도 한다. 이런 행사 중심적 회식 자리가 한두 번이 아니라 자주 이어지면 직원들은 참석하기를 싫어하는 경향을 보인다. 고된 일과 후 쉬어야 할 시간을 할애하여 참석하였으나, 지나치게 경직된 회식이 되어 동료들 간 소통의 기회보다 단순히 '참석 의미'(지점장이 주관한 회식 자리에 빠지지 않았다는) 그 이상은 찾을 수 없게 된다. 요즘 변화된 회식 문화와는 달리, 과거 군사 문화의 절도 있는 회식 자리에 훈련(?)된 리더들은 신세대들에게 괴리감만 느끼게 하였지만, 충분히 소통한 회식이었다고 생각한다. 지점장들이 직원 간 소통을 높이기 위한 회식 문화를 이끌어가려면 더 많은 변화와 노력이 필요하다. 외국 영화에서도 보듯이, 개인 취향에 맞는 간단한 술 한 잔을 들더라도 다양한 대화가 오가는 분위기를 만들어 주는 리더십이 회식의 진정한 의미를 살리게 된다.

회식 자리가 자유로운 자리이지만 엄격하게 통제해야 할 것이 하나 있다. 음식을 지나치게 주문하여 다 먹지도 못한 채 남기는 때이다. 개인적으로 부담하는 비용이 아니므로 개념 없이 경비를 남용하는 경우를 종종 보게 된다. 회식 장소 선정은 가격 대비 품격 있는 음식점을 선정하여 충분히 먹는 것까지는 자유롭다. 하지만 음식을 남기고 필요치 않은 비용을 과다하게 지출하는 일은 절대 삼가야 한다. 이러한 지점장의 의지를 직원들에게 명확히 전달할 필요가 있다. 비용은 공적인 경비로 최대한 효율적으로 사용한다는 개념을 직원들에게 분명히 인식시켜주고, 공과 사의 구분과 더불어 이를 의식적으로 깨닫게 하는 것이다. 많은 인원이 회식을 하다 보면 주문에 대한 통제가 어려울 때가 있다. 이럴 경우 음식점 주인에게 일정 부분을 초과하면 서무 담당 직원에게 물어보고 추가 주문을 받아 달라고 미리 말하면 된다. 필자와 함께 근무한 직원들은 이런 부분이 적잖이 신경 쓰였겠지만, 긍정적으로 받아들였을 것이라 믿는다. 과거 경직된 회식 문화에서 점차 자율성을 강조되는 요즘이더라도 일정 부분 절제된 회식 문화를 지향해 가는 것이 바람직하다.

회식 자리를 마련할 때는 직원들에게 분명한 취지를 말해 주어야 한다. 측은지심이 강한 A 지점장은 고생하는 직원들의 격려 차원에서 한 달에 2~3번 회식을 하였다. 지점 경비가 부족하여 지점장 개인 돈으로 비용을 부담하였음에도 직원들은 회식을 너무 자주 한다며 불평을 늘어놓았다. 지점장과 직원 간 생각과 마음의 괴리는 이처럼 큰 것이다. 따라서 분명한 의미를 두고 회식을 해야 한다.

반대의 경우도 있을 것이다. 연초 인사이동이 있은 후 서너 달이 지났는데 전 직원들이 모이는 회식 자리가 한 번도 없었다면(여러 가지 사정이 있었겠지만) 이 또한 바람직스러운 일은 아니다. 직원들의 불만이 충분히 작용할 수 있기 때문이다.

리더와 직원들의 관계는 물론이거니와 직원 개개인으로서도 이런 자리를 통해 선·후배 동료끼리 업무상 고마움이나 애로사항 등을 표현할 수 있는 기회를 차단하는 것이 된다.

  유능한 지점장은 직원들의 응집된 노력과 성과 창출의 고된 과정을 지켜보다가 적절한 타이밍을 맞춰 회식자리를 마련한다. 직원들의 사기를 북돋우고 격려하면서 자연스럽게 직원 간 유대감과 목표 달성의 조직적 열정을 높이는 것이다. 이처럼 높아진 사기가 지점의 실적 증대로 이어지고, 상금이 많은 프로모션에 새롭게 도전하는 선순환 과정의 지점들을 보게 되면, 직원들의 회식에서도 부익부 빈익빈 현상이 있음을 느끼게 된다.

04. 수신제가 치국평천하

경영의 이치는 어디서나 일맥상통한 것 같다. 이를 가장 일반적으로 표현한 것이 '수신제가 치국평천하'라는 중국 4서의 하나인 『대학』에서 올바른 군자의 자세를 강조하는 글이다. 지점이 발전적이고 목표를 달성하는 과정에 지점장의 역할과 영향력은 85% 이상의 책임이 있다. 즉 지점장의 수신(修身)이 제일 중요한 문제이다. 모두가 인간이기에 완벽할 수는 없지만, 자신을 다듬어 가려는 지속적인 노력이 습관적 자세로 형성되도록 해야 한다.

수신(修身)에 가장 중요한 것은 '듣기', '말하기', '쓰기', '통찰력', '인내력', '핵심정리', '균형 감각', '용기', '결단', '변화 예측', '추진력', '끝장 보기', '디테일', '피드백', '실행력', '직관력', 등이 있으며 이 중에서 리더로서 가져야 될 조직 관리에 제일 중요한 3가지를 선택한다면 '인내력', '듣기', '실행력'이다.

위에 나열한 항목들에 대하여 지점장의 역량에 한계성이 크다면 조직 운영을 통한 목표 달성을 위해 여러 가지 방법으로 노력을 해도 한계에 부딪치게 된다. 따라서 지점장은 나름대로 각 항목별 점수를 주면서 스스로를 평가해 보는 것도 의미가 있다.

지점장의 '인내력'은 직원들의 자율성을 높이며 소통을 통한 전 직원의 역량을 활성화하는 데 기여한다. 그리고 '듣기'를 통하여 변화를 읽어 낼 수 있는 통찰력과 직관력을 가질 수 있다. 말의 표현 방법이 '아' 다르고 '어' 다르듯이 말하는 직원의 말솜씨가 떨어져도 핵심적 내용의 듣기를 잘해야 한다. 다음으로 '실행력'이 중요하다. 아무리 좋은 비전과 계획을 구체적으로 정리해도 실행력이 뒷받침되어야 한다. '부뚜막 소금도 집어넣어야 짜다'라는 속담처럼 '추진력', '끝장 보기', '디테일', '피드백' 항목이 실행적 행동들이 된다. 비전을 제시하는 리더로서 목표 달성의 방향성을 제시하기 위하여 '핵심정리', '균형 감각', '변화 예측', '용기', '결단'을 말할 수 있다.

여기 서술한 내용이 지점 경영과 업무적인 면에서 디테일한 부분을 언급하여 경영 철학적 개념으로 정리한 책보다는 품위가 덜할지라도, 지점장 또는 리더들이 자신의 수신(修身)을 경영적 측면에서 되돌아보는 계기가 되었으면 한다. 인생에 정답이 없듯이 완벽함도 어려운 일이다. 하지만 핵심적 항목을 알고 있고 나름대로 절박감을 가지고 완벽성을 추구해 가는 과정적 노력이 지점 경영의 수신제가라고 말할 수 있고 이것이 높은 수준에서 관리할 수 있는 능력을 가졌다면 평천하도 가능한 것이다.

가정의 경영과 지점의 경영은 유사성이 있다. 연초에 인사이동 후 지점장들과 상견례를 하고 3~4월이 되면 지점장의 지점 경영 스타일에 따라서 지점의 KPI 등수가 예측이 된다.

일반 가정을 사례로 이야기하면 아빠와 엄마가 맞벌이를 하는 것이다,

첫째, 가정은 부부가 돈을 벌려고 열심히 노력하지만 쉽지는 않다. 엄마와 아빠가 매일 돈을 번다는 사유로 아이들을 챙기지 않으면 자녀들은 PC방이나 만화방에서 노느라 숙제와 공부는 뒷전이 된다. 이런 가정과 비슷한 지점은 지점장과 부

지점장이 대외 섭외에만 집중한 것이다. 직원들이 내점 고객에 대한 정성스러운 응대 등 일상적 업무에 집중하지 않고, 만기도래 고객 관리 등을 꼼꼼히 챙기지 않으면 8~10/10등 지점이 된다.

둘째, 가정은 엄마와 아빠가 함께 돈은 벌지 못했지만, 엄마라도 오후에 집에 와서 자녀들의 숙제와 공부를 챙기고 휴일에는 아빠가 자녀들에게 관심을 가지고 대화를 나누는 등의 노력을 하는 집이 있다. 지점으로 말하면 대외 섭외 노력에 대한 성과는 없지만 그래도 지점장과 부지점장이 내점 고객에 관심을 가지면서 중요 고객과 커피 한잔 나누는 시간을 갖거나 직원들은 만기도래 고객에게 사전에 연락하는 등 철저히 관리하고, 고객서비스 등에 디테일함을 가지고 노력하는 곳이다. 이런 지점은 4~7/10등은 할 수 있다.

셋째, 가정은 엄마가 오후에 귀가하면 자녀들의 공부와 숙제를 챙길 뿐만 아니라 아버지가 퇴근할 때 통닭과 과일 등 먹을거리 또는 선물을 사 오는 집이다. 자녀들도 아버지의 저녁 선물에 기대하면서 자랑하고 싶은 일이 넘치는 집이다. 지점으로 말하면, 지점장의 대외 섭외 성과도 있고 부지점장의 영업적 내부 관리와 더불어 직원들이 스스로 노력하여 성과를 창출하는 것이다. 이런 지점은 1~3/10등의 성적을 달성하는 경우를 본다. 가정과 지점 경영을 통속적으로 비유하였지만, 지점장의 지점 경영 스타일에 따라서 KPI 등수가 정해지는 것이다.

05. 인사 자세에 마인드가 숨어 있다

여러 지점을 방문하면 지점마다 다른 이미지를 받게 된다. 단순한 직관이지만 지점의 첫인상과 분위기가 지점의 성적과 무관하지 않다.

지점을 방문했을 때 문을 열고 들어가는 순간 직원들이 '반갑습니다.', '안녕하세요.' 등의 인사가 나오면서 고객과 눈 맞춤을 하려고 노력하는 지점은 '살아있는 조직'이다. 아울러 '어떻게 오셨는지?', '지점장이 부재중인데…. 즉시 연락을 취하겠다.'라며 차 한 잔 가져와서 잠시 앉아 기다리게 하는 등의 정성스러운 노력은, 주인 정신을 바탕으로 지점과 자신의 일에 매우 긍정적이고 적극적인 마인드에서 나온다.

이와 반대로, 직원들이 인사도 없을뿐더러 눈으로 물끄러미 쳐다보며 자신의 일에만 매몰되어 있는 지점의 성적은 하위권이 보통이었다. 지점 분위기가 밝지 못하고 직원들이 고객과 눈을 맞추어도 무표정한 자세를 취하는 등의 소극적 자세에서 직원들의 마인드가 어디에 있는지 읽어 낼 수 있다. 자기 일에 재미도 없고, 열정도 없어서 지점의 성적이 어떻게 가고 있는지 아무런 관심이 없는 것이다.

지점장은 아침 출근 때 직원들의 인사 자세를 살펴보면서 직원의 마인드를 읽어야 한다.

요즈음 아침 출근 인사는 직급 상하에 구분 없이 먼저 보는 직원이 인사하는 것이 직장예절로 되어 있다. 이렇게 나누는 인사의 자세에서 직원의 마음가짐을 읽어야 한다. 예를 들어 어제 책임자 회의에서 해외여행 포상을 A와 B 직원 중에서 B로 결정했다면, 다음 날 아침 A 직원이 인사하는 자세는 평소 모습과 다른 것을 느낄 수 있다. A 직원의 인사하는 모습에 마음이 담겨 있기 때문이다. 인간적 심리 상황을 깊이 있게 보려는 노력은 재미있는 학습이 된다.

지점장이 책임자의 의견을 종합해서 결정한 것이지만, A 직원은 본인이 포상자로 선정될 것으로 확신한 나머지 다른 결과에 대한 섭섭한 마음을 가지고 있는 것이다. 이처럼 직원의 행동에서 직원들의 마음을 읽어 내는 것이 중요하다. 보수적 조직 문화의 영향으로 원만함을 강조하는 분위기에서 자신의 표현과 주장에 한계가 있고, 포상자 선정의 기준이 반듯이 해당 항목의 실적만으로 결정되지 않는 경우가 있다.

우리는 '인간의 마음은 간사하다'라는 표현을 가끔 한다. 사람마다 상황에 따른 마음의 흔들림은 있게 마련이다. 대부분은 자신의 이익과 관련된 계산에서 나오게 된다. Cool 하게 받아들이는 직원도 있지만, A 직원 입장에서는 자신이 B 직원보다 못한 것이 없고 프로모션의 실적만으로 평가한다면 B 직원보다 더 성과가 있다는 실적 자료를 가지고 있으니, B 직원이 해외여행에 선정된 것에 불만스러운 마음이 있을 것이다. 지점장과 책임자들은 B 직원이 단순한 실적 수치가 A 직원보다 낮지만 어려운 업체를 통하여 실적을 올렸으며, 지점의 내부관리 업무의 비중이 크고, 옆 직원에게 실적을 양보한 예 등을 고려하여 결정한 것이다. 지점장이 지점 내 모든 상황을 알려는 노력은 중요하지만 모든 것을 알 수는 없다.

하지만 아침 출근 시 인사를 통하여 A 직원의 평소 인사와 다른 모습을 읽었다면 A 직원과 대화를 통하여 해외여행을 B 직원으로 결정한 내용을 설명하고 A 직원의 마음을 다독여 준다면 A 직원은 새로운 마음으로 활기차게 업무에 몰입하여 일하게 된다. A 직원은 자신의 섭섭한 마음을 지점장이 알아준다는 위로와 또 자존감을 가지게 되는 것이다. 직원들의 심적 변화를 잘 읽고 대화하고 소통한다면 지점의 분위기와 사기는 점점 높아진다. 이런 결정적 노력의 출발은 지점장이 매일 아침 출근 시 직원들과 나누는 아침 인사에서 찾을 수 있다. 아울러 일상생활에서 표현되는 행동과 자세 그리고 대화의 단어 등에서 평소와 다른 느낌을 받는다면 깊이 있는 관찰로 소통할 수 있는 노력을 해야 한다. 이것이 리더가 가지는 조직 경영의 '촉기'라고 표현하고, '촉기'가 뛰어난 지점장이 연초에 낮은 지점의 성적을 연말에는 우수한 결과로 창조하는 경우를 자주 보았다. 이런 '촉기'도 관심을 가지고 노력하면 충분히 발전시킬 수 있는 재능이다.

06. 명료한 포상과 시상

앞서 일부 언급한 대로, 보수적인 조직 문화 분위기에서 자신이 가지고 있는 생각의 표현과 주장을 억제하고 감추게 된다. 따라서 프로모션 성적을 1등 한 뒤 수상자 선정 결정에 불만을 가진 직원들이 있을 수 있다. 처음에는 포상 선정의 대상인 몇몇 직원에 한정되지만 몇 번의 프로모션을 시행하면 포상 대상자 선정과 관련한 불만족이 지점에 전반적 분위기를 악화시킬 수도 있다. 이런 사항은 직원들 마음속에 담아둘 뿐 공식적 자리에서는 표현하지 않지만, 퇴근 후 술자리에서는 이런 불만이 표출되는 것이다. 따라서 지점에서 몇 명의 직원들이 참여하는 프로모션이라도 시상의 기준을 명확히 하여 투명하게 인식되도록 노력하는 것이 바람직하다.

A 지점의 사례를 통하여 본다면, 포상과 시상 기준을 사전에 명확히 설명하지 않음으로써 시상 결과에 대한 직원들의 불만을 야기하였다. 따라서 포상은 전 직원들의 노력을 한 방향으로 모아 더욱 큰 성과 창출하는 데 촉매제로 사용하여야 할 것이다.

 본점에서 외환 업무를 위한 캠페인을 실시하였다. 시상은 경쟁 군에서 1등을 한 지점에 대하여 분기별로 상장 1명(우수직원)과 해외여행 1명이 선정되는 프로모션이었다. 외환 업무를 담당하는 직원은 책임자 1명과 직원 3명으로 총 4명이었다.

 약 7년 동안 상을 받아 본 적이 없는 외환 업무에서 1분기에 1등을 하여 수상을 하게 되었다. 문제는 수상 대상자 선정이었다. 책임자도 상장을 받게 되면 인사 등에 가점이 있어서 무조건 직원에게 양보하기를 권하기에는 힘든 상황이었다. 직원들도 모두 자신이 받았으면 하는 눈빛이 역력했다. 이런 예민한 상황을 슬기롭게 해결하지 못한다면 2분기에 직원들 최선의 노력을 끌어내기 힘들뿐 아니라 오히려 역효과가 날 수 있다는 생각이 들었다. 책임자를 비롯한 외환 업무 담당자 4명의 직원이 모여서 수상자 선정에 논쟁을 제안했다. 논쟁의 기준을 정했다.

1) 자신의 의사를 명확히 표현하라
    · 상장과 해외여행에 대한 수상자는 누구를 하면 좋겠다고 지명한다(본인 또는 다른 직원).
    · 상장과 해외여행의 수상자 추천의 사유를 명확히 설명하라.
    · 본인이 수상 대상자라고 생각되면 본인을 추천할 수 있다.
    · 상장과 해외여행을 1명으로 추천할 수 있다.
2) 모두가 합의될 때까지 논쟁을 한다.
3) 최종적으로는 무기명 투표를 할 수 있고 투표 결과가 동수이면 책임자가 결정권을 갖는다.
4) 논쟁을 통하여 결정된 내용에 대하여 어떠한 개인적 불만도 말하지 않는다.

비록 4명의 직원이지만 이런 원칙을 정하고 논의를 시작했다.

모두 자신의 욕심이 강한 가운데에서도 논쟁의 결과가 모이기 시작했다. 논의를 마치고 뒤풀이 시간을 통하여 4명의 직원이 마음을 열고 2분기 업무에 대하여 새롭게 직원들의 마음을 응집하게 되었다.

논쟁의 결과는 1분기에 가장 노력이 많은 직원 2명이 상장과 해외여행을 가게 되었다. 이런 논의를 하지 않아도 수상과 해외여행 직원은 똑같은 직원이 선정되었을 것이다.

하지만 이런 대화와 소통의 과정적 노력을 통하여 직접 참여하고 자신의 의사를 표현한 것에 의미가 있고, 다른 직원의 의견을 들으면서 자기 자신을 되돌아보고, 때론 비교 판단하면서 폭넓게 생각하는 계기가 되었다. 그 후 분기별 3번의 시상과 연간 시상에서도 모두 1등을 하여 상장과 해외여행을 독차지하게 되었다. 지금 생각하면 1분기에 소통의 과정이 없었다면 1년간 1등 상을 독점한다는 것은 불가능했을 것이다.

각종 캠페인과 프로모션 등 영업 활성화를 위한 다양한 행사가 있다. 이런 행사에 집중하는 항목도 중요하지만, 수상자 선정에 대한 기준을 사전에 명확히 정하여 전 직원에게 알려 주고 직원들의 참여하고, 노력하는 투명성 있는 경영이 필요하다.

명쾌한 기준들이 직원들의 노력을 유발하고 지점 전체적으로 직원들의 역량을 응집하는데 촉매적인 역할을 하는 것이다. 아울러 지점장에 대한 신뢰와 믿음 그리고 노력하면 인정받을 수 있다는 명료함 속에서 도전적 열정이 분출될 수 있다. 이런 힘들이 지점 발전과 좋은 성적을 만드는데 원동력이 된다.

07. 청소를 하면서 주인이 된다

직원들의 마음과 행동 그리고 정신을 한 곳으로 모을 방법 가운데 하나가 지점 대청소이다. 청소를 통하여 지점과 자신의 주변을 깨끗이 한다는 의미가 있지만, 그보다는 청소를 통하여 내가 근무하는 직장에 대한 애착과 청소 후 느끼는 청량한 느낌 그리고 직원 모두가 직급과 관계없이 평등하게 참여한다는 동질감을 가질 수 있다. 청소는 체계적으로 해야 한다. 청소 구역을 정하고 구역별 담당자를 2~3명으로 선정하고 청소가 미흡하면 다시 할 수 있다는 피드백의 부담을 주면서 양심적으로 최선의 노력을 유도하는 방법이 필요하다. 이때는 직급의 상하에 구분이 없고, 업무가 급하고 바쁜 직원이 있어도 전 직원이 참여해서 같은 시간에 함께하여야 청소를 통하여 얻을 수 있는 본연적 목적(동질감, 주인적 마인드 등)을 달성할 수 있고 의미가 있다. 몇 명은 청소하고 누구는 바쁜 업무가 있다고 청소에서 열외자가 있으면 안 된다.

오히려 상대적 불만을 가지게 되면 형식적 행사가 되고 단순한 청소로 끝나게 된다. 다음으로는 지점장이 솔선수범의 자세로 청소를 해야 한다. 직원들도 처음에는 청소에 대하여 머뭇거리는 자세에서 지점장의 적극적 모습을 보면 본인의 청소 자세도 바뀌게 된다.

청소를 하다 보면 눈에 보이는 먼지가 깨끗이 없어지고 지저분한 것이 정리·정돈되는 과정을 보면서 나름대로 성취감과 보람을 느끼게 된다. 아울러 깨끗이 청소하는 과정에서 정성이 들어가게 되고 먼지 하나 없이 닦아내면서 완벽함을 추구하게 된다. 그리고 가장 지저분하고 청소하기를 기피하는 화장실을 정성스럽게 청소할 수 있는 사람은 주인 정신이 투철한 직원만이 가능하다. 더불어 낮은 자세의 수행적 행동을 통하여 마음을 비움으로써 사물을 받아들이는 자세가 긍정적이고 많은 것을 받아들일 수 있다.

아침에 일찍 와서 함께 청소를 하는 과정이 단순히 지점을 깨끗이 한다는 의미만 있는 것은 아니다. 지점장을 비롯한 지점 구성원들 모두가 참여하여 함께 노력했다는 일체감과 동료애를 느끼게 하는 시간이다. 직접 쓸고 닦고 청소하는 과정을 통하여 나의 것과 우리 것에 대한 애착도 높아지게 된다.

청소 뒤 깨끗함에서 오는 만족감 또한 크다. 아울러 청소 후 직원들 간에 '수고했습니다.' 하는 인사와 함께 커피 한 잔을 나누는 대화 속에서 직원들 상호 간에는 가족 같은 공감대가 형성될 수 있다. 이러한 뒤풀이 자리도 청소 계획에 꼭 필요한 항목이다.

08. 고객서비스(CS)는 직원 마인드의 토양

고객서비스는 영업 실적과 같이 계량화된 숫자를 보면서 관리하는 것이 아니므로 난감해하는 지점장들이 있다. 때론 고객서비스 평가 자체에 대한 문제점을 지적하고 비판한다. 지난달에 1등 한 지점이 이번 달에는 꼴찌로 평가받았다면 평가 제도의 문제점을 제기하는 것은 당연하다. 즉 조사 표본의 숫자가 적어서 왜곡될 수 있고, 때론 재수 없이 최악의 평가 1건이 지점의 고객서비스 성적을 최하위로 떨어뜨린 원인이 되기도 한다. 이런 극단적 상황을 제외하고 평가 제도의 일반적인 인식은 지점의 고객서비스 수준을 그대로 반영하고 있다고 본다.

고객에 대한 정의를 어떻게 할 것인가?

필자는 고객을 '고맙고 감사하지만 무서운 분이다.'라고 정의한다. '고맙고 감사함'이란 고객을 항상 친절하게 맞이하면서 고객의 발전과 금융적 지원을 위해 최선의 노력을 해야 한다는 뜻이고, '무서운 분'이라는 의미는 거래 관계에서 늘 조심성을 지녀야 한다는 뜻이다.

 요즘 '블랙컨슈머'라는 용어가 있다. 고객 가운데 악의를 가지고 지점을 방문하거나 거래 관계에서 불만과 민원 등을 제기하면서 여러 가지 문제를 일으키는 이들이다. 한 달 동안 내 점 고객 수를 기준으로 보면 '블랙컨슈머'의 비율이 얼마나 될까? 통계적 자료는 없지만 0.01% 이하의 수준이며, 이런 상황은 극단적이고 충격적인 일로 문제 해결에 어려움을 겪으면서 기억에 오래 남아 있을 뿐이다.

 지점장으로서 직원들을 보호해야 되는 책무가 있지만, 일부 지점장은 '블랙컨슈머'라는 극단적 상황에 매몰되고 직원들에 대한 동료애와 측은지심이 강하게 작용하여 고객서비스에 소극적 태도를 취하는 것은 바람직하지 않다. 따라서 지점장이 생각의 중심을 잡고 직원들이 일상적 영업상황에서 고객 서비스를 어떻게 잘할 것인가를 고민해야 된다.

고객의 불만을 발생케 하는 기본적 환경은

① 젊고 경력이 짧은 직원이 연령층과 금융 지식(상식) 측면에서 다양한 고객의 눈높이 수준에 맞는 서비스를 제공하는 데 어려움을 가지게 된다. 따라서 직원의 성품과 응대 자세에서 고객의 불만이 높아지게 된다.

② 직원은 하루에도 같은 일을 몇 번씩 반복하지만, 고객은 처음 하는 일이라서 업무처리에 어려움을 느끼게 된다. 하지만 직원이 바쁜 업무 처리로 인하여 평소 숙달된 자세로 안내를 하면 고객의 입장에서는 성의 없이 안내받았다고 생각하고 불만을 제기한다.

아울러 우리 직원들의 문제점으로 발행하는 고객 불만의 유형을 분석하면

① 직원이 업무 지침과 취지를 잘 모르고 원칙적 업무처리만을 강조하는 경우,

② 고객과의 약속을 지키지 않고 신뢰감이 무너지면서 발생하는 경우(추후 알려 주겠다는 약속을 잊어버리는 경우 특히 일자가 정해진 대출(전세자금 대출 등)이 약속일에 이행되지 않을 때)

③ 직원의 자존심과 관련되어 발생하는 문제(업무 처리의 실수를 인정하지 않고 적당히 마무리하려는 경우. 고객의 질문에 잘못된 안내로 고객이 고생한 사실을 인정하지 않는 경우) 등 다양하다.

고객의 불만이 접수되면 즉시 지점장 또는 부지점장이 직접 연락하여 고객의 이야기를 충분히 듣고 정중히 사과하든지, 해결 방안을 찾아 준다면 고객의 마음을 달래고 진정시키는 가장 빠른 해결 프로세스가 될 것이다. 고객에게 불만을 느끼게 한 직원과 직접 대화한다면 문제를 해결하기보다는 문제를 더 어렵게 만들 수 있다. 서로의 감정이 개입되기 때문이다.

고객서비스 평가는 지점의 1개월 전 고객 서비스 수준을 나타내고 있다. 지점장은 대외 섭외와 회의 등으로 지점의 일선 창구에서 고객과 발생하는 내용을 깊이 있게 알지 못하는 때가 있다. 지난달보다 고객서비스 평가가 하위권으로 떨어진다면 분명 문제점이 있다는 뜻이다. 이것이 업무량 증가로 인한 지점의 전반적 상황에서 발생한 것인지 아니면 특정 직원의 성의 없는 자세에서 발행한 것인지는 알아야 한다. 그리고 특정 문제점을 해결하기 위한 노력이 따라야 한다. 고객서비스 평가는 후행성이 강하다. 즉 5월에 좋은 평가를 받았다면 3월 경부터 고객서비스에 열심히 노력했다는 것을 의미한다. 지점장은 고객서비스 평가 점수(순위)가 일정 범주에서 크게 이탈하였다면 예민한 관찰과 대응이 필요하다. KPI 평가 시점과 관련하여 짧은 기간에 평가를 잘 받으려면 전 직원이 총력적 노력을 기울여야 한다.

여기에서도 약정기일 도래 고객에 대한 사전 안내와 금융 솔루션 제공, 당점 거래에 대한 감사 인사를 완벽하게 수행하는 것이 높은 평가를 받을 수 있는 첫걸음이다. 모 지점에서는 직원들이 내점하여 거래한 고객을 대상으로 실시하는 '감사 인사' 비율은 매우 낮았지만, 고객서비스 평가에는 탁월한 성적이 나왔다. 일반적으로 '감사 인사'는 당일에 담당 직원이 거래 고객에게 연락하여 이루어진다. 그런데 이 지점은 지점장이 직접 전표를 가지고 '감사 인사'를 시행하고 있었다. 전산 자료에는 낮은 이행률이지만 실제적 노력이 뒤따라 만족할 만한 성적을 받은 것이다. 고객서비스는 콩 심은 데 콩 나고 팥 심은 데 팥 나는 이치다

고객서비스는 뿌린 만큼 거둔다는 말도 있듯이 지점장이 없어도 직원들 각자가 고객서비스에 대한 중요성을 인식하고 스스로 노력하는 마인드를 창출하기 위해선 직원들이 고객에 대하여 열려있는 마음과 즐겁고 활기찬 지점 분위기 조성이 가장 기본이 될 것이다.

4부

01. 현장(창구)에 답이 있다

02. 보람된 도전을 하자

03. 주요 고객에 대한 인사는 전략적으로

04. 고객과 릴레이션십을 강화

05. 영업의 기본은 약정기일 도래 고객의 관리

06. DB(Data Base) System 활용

07. 비대면(非對面) 영업에 아이디어 집중

08. 끝까지 물고 늘어져라

01. 현장(창구)에 답이 있다

지점의 영업과 발전이 한계에 부딪쳤다고 생각되고, 경영에 어려움이 느껴지면 지점의 Desk(창구)에 답이 있다. 우문현답(우리의 문제는 현장에 답이 있다.)이라는 말이 있듯이 지점이 은행 영업에서 최 일선에 있는 현장이지만 지점장은 더 깊은 현장을 보면 답을 찾을 수 있다. 즉 지점장의 직급에서 현장을 보지 말고 고객의 입장에서 새로운 눈으로 보면 아이디어를 얻을 수 있다. 지점의 창구에 어떠한 고객이 오고, 어떤 일이 일어나고 있으며, 직원들이 어떻게 일하고 있는지를 보면 여기에 문제점이 있고, 해답을 찾는 과정에서 지점 발전의 새로운 핵심 요소가 보이게 된다.

직원들이 업무를 하는 Desk를 중심으로 많은 고객이 다녀가고 비즈니스가 일어난다. 고객의 요청 사항이 거절되는 경우도 많으며 새로운 업무의 정보도 많이 발생하지만 흘러가는 경우가 많다. A 지점장은 매일 같이 창구 직원들이 고객 요청 사항을 거절한 내용을 보고받고 새로운 영업 아이디어로 개척하여 성공한 사례도 있다. 입행 후 3년이 된 직원이 거절한 대출 요청도 지점장의 시각에서 보면 다른 방법으로 풀어 갈 수 있는 것이다.

최근 재미있는 TV 프로그램 중에 『어쩌다 어른』이 있다. 세상 삶을 더 많이 경험하고 살았으면 남다름이 있어야 되지만 그저 흘러가는 세월 속에서 어른이 된 것이다. 지점장도 '어쩌다 지점장'이 안 되었으면 좋겠는 생각이다. 그러면 무엇이 달라야 되는가?

세상의 모든 것은 지금도 변하고 있다. '10년이면 강산도 변한다.'라는 속담은 10년이 되면 하루 만에 변하는 것이 아니라 하루하루 변화가 쌓여서 눈으로 변화를 느끼는 시간적 단위가 10년이라는 것이다. 그리고 조금은 이질적 질문 같지만 '일반적으로 왜 연장자가 직급의 상사가 되어야 하는가?'이다. 외국 기업의 경우 30대 중반의 직원이 임원으로 승진(채용) 되는 것을 보면서 이런 자문을 해본다. 우리 사회의 유교적 문화도 영향이 있겠지만, 지점장에 대하여 조직적 측면에서는 인생과 직장의 다양한 경험 속에서 사물의 변화를 깊이 있게 볼 수 있고, 보편적이고 성숙한 가치관을 가졌다고 인정한 것이다.

따라서 '어쩌다 지점장'이 되지 않으려면 남다른 능력과 노력이 필요하다.

지점장 직급에 오르기까지 많은 변화를 경험하고 위기를 극복하는 노력을 하였다. 그동안 경험적으로 가지고 있는 능력으로 현재의 변화와 변화의 흐름을 읽어 낼 수 있는 통찰력을 가져야 된다. 그리고 변화의 핵심을 정확히 집어낼 수 있는 직관력을 가졌다면 남다른 능력을 가진 것으로 생각된다.

변화를 읽어 낼 수 있는 통찰력과 직관력은 어떠한 어려움 속에서도 돌파구를 찾을 수 있는 훌륭한 무기가 된다. 항상 녹슬지 않도록 잘 관리하는 노력도 필요하다.

결론적으로 현장의 각종 팩트 즉, '고객이 무엇을 원하고',

'직원들의 마인드가 어디에 있으며', '고객과 직원들의 소통은 원활히 이루어지는지' 등의 현안 문제에 대해 지점장은 현장의 상황과 변화를 직시하고 답을 찾아내야 한다.

다음으로 지점 영업의 한계성을 극복하려면 '시작한 일은 끝까지 도전해라!'이다.

이것은 중간에 포기하는 일 없이 근성을 가지고 성공하든 실패하든 끝까지 최선을 다해 노력하라는 의미이다. 역설적으로 말하면 일은 진행 과정에서 상황의 변화가 다양하므로 끝까지 물고 늘어지는 사람에게 좋은 기회가 온다는 뜻이다.

예를 들어 고객의 대출 요청이 있었다. 빌딩을 구매하여 임대하겠다는 사업 계획이다. 대출 상담 후, 대출을 심사 부서의 승인을 받기 위한 다른 일은 뒤로하고 약 3~4일 동안 대부분의 시간을 고객 대출 심사 신청에 할애하였다. 심사부서의 대출 심사 중에도 고객에게 진행 과정을 설명하는 등 최선의 노력을 하였다. 대출 취급 시점에서 금리가 높으니 낮춰달라는 고객의 요청이 있었고. 다른 은행에서는 0.5% 낮은 금리를 제시하였다는 것이다. 이런 때는 참으로 암담한 상황이다. 대출 취급 시점에서 그동안 충분한 설명과 소통으로 결정된 내용을 타행 금리와 비교하여 거절 의사를 표현한 것이다. 보통 이런 상황이 되면 대출 취급을 포기하게 된다. 하지만 A 지점장은 포기하지 않고 심사 부서에 금리 조정을 협의하고, 고객에게는 높은 금리를 보상할 수 있는 제반 금융 솔루션을 제공하겠다며 집요하게(?) 설명했다. 하지만 빌딩 매매 대금의 지급 시점에서 각 은행의 대출 상황이 바뀌었다. 대출 취급 은행에서 임대용 부동산에 대한 대출이 급격하게 증가하여 대출이 어렵다는 통보를 해온 것이다. 고객은 차선책으로 높은 금리의 대출을 받을 수밖에 없는 상황이 되고 말았다.

영업을 하다 보면 이런 사례는 자주 발생한다. 따라서 한번 시작한 일은 끈질기게 추진하다 보면 해결의 실마리를 찾을 수 있다.

사람과 사람의 관계에서도 상황은 항상 변한다. 보통 협상에서 '명분'과 '실리'를 말한다. 오래전 A라는 기업에서 거액의 정기적금에 가입하고 만기가 되었다. 정기적금이 만기가 되면 해지하여 지급되는 것은 당연한 일이다. 하지만 지점장은 부지점장에게 회사를 방문하여 정기적금 해약 후 정기예금으로 가입하고 새로운 정기적금 가입을 부탁하라는 지시를 하였다. 부지점장은 일차 방문하여 제안도 못한 채 지점으로 되돌아왔다.

지점장은 부지점장을 다시 회사에 방문하여 설명을 간곡히 드리라는 지시를 했다. 부지점장은 두 번째 방문에서도 차 한 잔 마시고는 몇 마디 말도 못한 채 또 되돌아왔다. 이런 상황을 4번을 반복하고 나서 결론이 났다. 정기적금 해약금의 반은 정기예금으로 전환하고 신규로 정기적금도 가입하는 것이었다. 이는 부지점장을 계속 방문토록 하여 지점의 절박함을 표시함으로써 명분을 쌓아 상대가 미안한 마음에서 회사의 실리를 일부 포기토록 하는 지점장의 지혜로운 전략이었다. 이런 사례를 통해 여러 거래 관계 속에서 '시작한 일은 끝까지 포기하지 않고 도전한다.'는 의미를 새롭게 새겨볼 필요가 있다.

02. 보람된 도전을 하자

인사 발령을 받고 영업점에 부임하면 나름대로 마음의 각오를 다지게 된다. 올해는 멋지게 수상을 하겠다는 지점장으로서 결심을 새롭게 하고 지점 직원들과 목표에 대한 도전적 의지를 다지게 된다. 하지만 2월이 지나면서 연간 KPI 목표가 배정되고 금년도 목표가 작년 대비 많이 증가하여 걱정이 앞서지만, 최선의 노력과 목표 달성을 위한 열정과 의지는 변함이 없다.

경쟁 군이 확정되고 KPI 목표가 모두 배정되고 나면 상대적 박탈감을 가지게 된다. 우리 지점은 경쟁 은행이 100미터 이내 5개나 있으며 개점 후 오래된 지점으로 신규 고객 창출이 어려운 환경임에도 고객 수 증대 목표가 경쟁 군에서 제일 많이 나왔다는 것, 지점의 손익 목표가 과다하여 도저히 달성이 어렵고 1~2월의 진척도도 낮아서 예상 달성률이 80%도 안 된다는 등의 목표 배정에 의기소침해지는 지점장들이 있다.

목표를 배정하는 것은 조직의 성과 창출을 높이는 데 기본적 목적이 있다. 목표 배정의 과정이 일정한 로직(계산방식)에 따라 일률적으로 배정하고, 본부의 목표 관리 직원은 지점의 영업 환경적 특성에 따른 반영을 한다고 하지만 지점의 개별적 현실성을 100% 반영하지 못하고 있으며 실무적 어려움을 가지고 있다. 경쟁 지점 간의 공평성도 찾을 수 없는 경우가 있다. 대부분의 조직에서 목표 배정의 기준과 영업점 현황의 반영에 대하여 끝없는 논쟁과 말이 오가는 것이 현실이다. 일정 규모의 지점을 경쟁 지점으로 묶고, 지점의 영업 환경에 적합한 목표를 배정하는 방식에는 정답이 없으며 누구도 완벽하게 할 수는 없다. 그러나 본부의 목표 배정 담당자들은 KPI 목표 배정의 근본적 취지가 어디에 있는지 철학적 의미를 이해하고 영업점 직원들이 성과 달성의 과정을 통한 자존감을 높일 수 있도록 정답이 없는 문제에 대하여 끊임없는 고뇌와 정성 어린 노력을 해야 한다.

되돌아가서 목표를 배정받은 영업점은 나름대로 분석을 통한 목표 달성 방안의 계획을 수립하고 추진한다. 지점 자체적 목표뿐만 아니라 경쟁 군에서 도저히 최하위권을 벗어 날 수 없는 상황이라면 KPI 등수 상향의 목표는 포기하는 것이 바람직하다.

목표 배정상의 문제이겠지만 KPI 지표상 경쟁 군과 도저히 게임을 할 수 없는 상황(경쟁 군에서 완벽한 꼴찌)에도 지점장이 경쟁 군에서 등수 상향에만 집착한다면 영업점의 경영은 엉망이 되어버린다. 지점의 조직력이 망가져 가는 과정은 대체로 이렇다. 지점장은 매일 게시되는 영업점 실적과 KPI 등수를 보면서 심리적 압박감을 느끼게 되고, 직책상 가지게 되는 중압감에서 직원들의 업무 성과에만 집착하게 된다. 조급한 마음이 균형 감각을 잃어버리게 하여 숫자로 나타나는 결과를 중심으로 잘한 것보다는 낮은 성과에 대한 질타가 이어진다. 궁극적으로 지점장과 직원들 간에 마음의 괴리만 벌어지게 된다.

점진적으로 성과 창출의 속도를 높여 가면서 직원들의 성취감과 자신감을 키워가는 선순환 과정을 만들어가는 지점과는 반대로 가는 것이다.

　인간은 누구나 희망과 비전이 있는 일을 선호한다. 어느 지점의 경우 연간 업적 평가 대회에서 금상을 받았음에도 직원들이 저녁 식사도 하지 않은 채 헤어지는 경우를 보았다. 지점장의 강한 질책성 독려에 업무적으로 힘들었지만, 직원들은 심적으로도 적잖이 상처를 받았다는 것이다. 그래서 직원들은 '지점장과 식사하고 싶지 않습니다.'로 불편한 속내를 표현한 것이다. 이런 상황은 지점장이 다시 한 번 생각해 봐야 한다. 은행 조직이 1~2년 영업하는 것도 아니고 직원들도 퇴임 시까지 오랫동안 근무하는 직장임을 감안한다면 바람직한 조직의 문화를 이끌어 가는 선배로서 깊이 성찰해볼 여지가 있다. '빨리 가려면 혼자 가고 멀리 가려면 함께 가라.'라는 아프리카 속담처럼 어려운 상황에서 지점 경영의 리더십을 어떻게 발휘하느냐가 중요하다. 따라서 단위 조직을 경영하는 CEO로서 든든한 소신과 뱃심도 필요하다.

　완벽한 꼴찌 지점으로 KPI 목표 달성이 어렵고 직원들과 공감대 형성이 불가능하다면 조직 차원에서 중점적으로 추진하고 있는 경영 항목에 집중할 필요가 있다. 직원들과 공감대를 굳건히 형성하고 현 상황에 맞는 그리고 지점의 영업 환경에 적정한 과목을 선정하여 노력하는 것이다. 비록 KPI 목표 달성은 어려워 포기했지만, 본부에서 강조하는 프로모션 항목에 집중하여 성취감과 자신감을 높이도록 한다면, 다음 해에는 만족할만한 영업 성과를 올릴 수 있다.

03. 주요 고객에 대한 인사는 전략적으로

새로운 지점에 부임하여 출근하면 너무나 많은 일이 있다. 지점의 영업 환경, 고객 구성, 자산과 부채의 구성(구성비), 전년도 손익의 구조, 인적 자원(직원)의 구성과 역량, 주요 거래처의 현황, 최근 3년간 지점의 KPI 성적, 성적이 낮은 KPI 항목과 원인 분석, 영업점 주변 금융기관 현황과 규모 등에 대하여 고민하고 분석이 필요한 일들이다.

계량된 자료로 볼 수 있는 항목과 지점장의 과거 경험에 따른 역량으로 측정하고 판단해야 할 항목도 있다. 이런 항목들을 지점장이 나름대로 계획을 세워 놓고 차례대로 검토할 필요가 있다. 그렇지 않으면 바쁜 일상 업무와 혼동되어 더 혼란스럽게 된다. 먼저 대고객 적 측면을 검토하면 다음과 같다.

첫째, 우수 고객에 대한 분석이다

주요 거래처의 기준이 다르겠지만 대체로 지점에 기여도가 높은 고객을 말한다. 수신, 여신, 손익의 세 가지 항목에서 전반적으로 기여도가 높은 고객을 우선순위로 정하고 부임 인사를 하는 것이 필요하다. 특별한 경우 여신의 규모(숫자)는 매우 큰 비중을 차지하고 있으나 손익 측면에서는 기여도가 없는 거래처도 있고, 유동성 수신이 많은 고객이 손익 기여도가 매우 높은 경우도 있다. 어디에 더 비중을 둘 것인가? 이에 대한 판단 기준은 지점의 현황과 더불어 지점장이 판단할 문제이다.

둘째, 우수 고객에 대한 특성의 파악

고객 담당자를 통하여 고객의 니즈와 특성 등을 파악하여 적합한 만남과 인사를 하면 된다. 예를 들면, 한 달 한 번쯤 지점을 방문하여 업무를 보는 고객, 1시간 이상 장거리에서 오는 고객, 우수 고객 본인 대신 부하 직원이 와서 업무를 처리하는 고객, 업무 차 방문할 때 대체로 오찬을 하는 고객 등 다양한 고객의 특성을 먼저 파악한다.

셋째. 고객에 대한 인사 방문

일반적으로 지점장이 새로 부임하면 직원들이 보고하는 주요 거래처 명단을 통해 최대한 빨리 새 지점장 이름을 알리고, 얼굴 인사를 발 빠르게 다니는 것을 우선시하는 지점장도 있다. 따라서 지점장 스케줄에 따라 주요 거래처를 무조건 방문하는 것이다. 회사 대표가 없으면 직원에게 명함을 전달하고 인사를 다녀갔다는 말을 부탁한다. 이 방법도 나쁜 것은 아니지만 첫인사의 중요함을 인식하여 차 한잔하는 여유와 고객의 니즈(불편함)도 물어볼 수 있는 부임 인사가 효율적이다. 기업과 개인 고객이지만 지점의 우수 고객이라면 대부분 바쁜 터라 사전에 약속 시각을 맞추어야 하는 때가 있다. 시간 약속이 쉽지 않은 만큼 지점의 거래 실적과 특성 등을 바탕으로 대화하면서 은행 거래에 대한 불편함과 니즈를 듣는 시간이 보다 의미 있는 인사가 될 것이다.

첫 대면도 의미가 있으나 처음 부임 인사차 방문할 때 고객의 불만 사항이 쏟아지면 대성공이다. 앞으로 불만 해소와 더불어 거래를 활성화시키는데 좋은 고객이 될 것이다. 이때 고객의 불만은 당점의 불편함이 될 수도 있고, 한편으로는 금융권(타거래 은행)에 대한 문제점을 말할 수도 있다.

지점 고객의 기여도를 보면 2:8 법칙이 작용한다. 즉 상위 20%의 고객이 지점 목표에 약 80%를 기여한다. 특히 수신과 손익 측면에서는 이런 법칙이 작용한다. 그래서 은행마다 PB를 만들고 우수 고객이 편하게 업무를 볼 수 있는 별도의 특별 창구를 만든다.

지점장도 지점 발전에 기여도가 높은 20%의 고객을 파악하고 총체적 관리를 한다는 측면에서 주요 거래처 파악은 깊이 있게 하는 것이 좋다. 실무적 업무 처리와 고객의 요청 사항은 담당자를 통하여 전달받겠지만, 주요 고객에 대한 생각(가치관, 인생관 등)을 알고 친밀감을 바탕으로 은행 거래 니즈와 거래 상황을 참고한다면 향후 거래 활성화에 도움이 되고 고객의 요청 사항을 판단하는 데 큰 힘이 된다.

04. 고객과 릴레이션십을 강화

영업점의 역사가 오래된 지점은 그동안 우수한 거래처가 많았다.

비록 현재 거래 상황은 주요 거래처로 등록되어 있지 않고 거래 규모가 미약하지만, 최근 2~3년 전 우수 거래처를 파악하여 거래를 활성화하는 것도 효율적 영업 방법이다.

개인 거래 고객의 금융자산이 여러 개의 은행으로 분산된 고객들이 많다. 특히 우리나라의 경우 IMF를 겪으면서 국민이 학습한 내용 중 하나가 '은행도 망할 수 있다.'이다. 따라서 여러 개 은행으로 자신의 금융자산을 분산해 놓는 것이다. 고객의 예금 잔액은 떠나가도 과거 거래실적 등은 모두 남아있다. 과거 거래실적 검색을 통하여 떠나간 고객을 찾아서 릴레이션십을 강화하고 고객의 자산관리를 위하여 은행과 증권회사에서 판매하는 다양한 상품과 세금을 절약하는 상품의 정보를 제공하면서 고객과 신뢰감을 높여 간다면 당점을 주거래 은행으로 전환하게 될 것이다. 직원들이 주요 고객에 대하여 얼마만큼 정성을 가지고 세심한 노력을 기울이는 것이 제일 중요하다. 그러면 당연히 타행 예금이 점차 이체되어 오면서 거래가 활성화된다.

기존 고객에 대한 자료를 가지고 있는 프리미어 창구와 상담창구 직원들은 은행 전산망에 접속된 데이터베이스를 활용하여 현재 거래 규모는 미약하지만, 과거에 당점과 밀접한 거래 관계가 있는 고객을 다양한 기준으로 찾아서 적극적이고 전략적인 마케팅 노력을 해야 한다.

제일 손쉬운 방법은 만기도래 고객에 대한 완벽한 관리다. 지점의 몇몇 직원들은 만기도래 모든 고객의 CIF를 출력하여 고객에 대한 공부를 한다. 금융 상품의 니즈와 현재 판매된 상품 구조 등을 미리 학습하고 내점과 동시에 새롭게 작성된 제안서를 제시한다면, 상당한 호감과 높은 신뢰감을 가지고 상담할 수 있다. 은행마다 만기도래 고객에 대한 일자별 관리 방법이 매뉴얼화되어 있지만, 창구 업무가 바쁘다는 사유(핑계)로 제일 중요한 업무를 간과하는 경우가 흔하다. 지점장은 고객과 직원이 얼굴을 맞대고 상담과 대화할 수 있는 중요한 접점 Point라는 인식을 하고 만기도래 관리에 각별한 관심을 가지고 노력하고 코칭해야 한다.

고객 관리가 취약한 지점의 사례를 보면 만기 관리에 대한 기본적 업무 처리 지침을 지키지 않는 것은 당연하고, 만기일이 되어도 연락하지 않는다.

따라서 고객 관리가 취약한 지점의 예금 상품은 1~3개월의 정기예금으로 대부분 구성되어 있다. 장기금리와 단기금리의 GAP이 적은 이유와 금융시장의 변동성이 증가하여 미래에 대한 불안감이 주된 사유가 되겠지만, 고객에 관한 사전 공부가 되지 않아서 고객 니즈에 적합한 상품이 제안되지 않고 상품의 교차 판매에도 한계를 가지게 되는 것이다. 일부 지점장들은 영업이 어렵고 실적 증대가 힘들다고 말하지만, 은행과 같이 쉬운 영업은 없다. 가끔 후배들에게 비유를 들어 말한다. '로또복권 1등이 되어 상금을 받으면 어디로 갈까요?' 당연히 은행으로 가야 한다. A 은행 일수도 있고 B, C 은행일 수 있는 것뿐이지 대부분 은행을 찾게 된다. 하지만 전자 대리점 직원이 60인치 TV를 판매하려면 어제 판매한 고객에게는 아무리 할인을 해줘도 판매가 어렵다. 은행 영업의 특성을 보면 경쟁 은행과의 상대성 게임이다. 따라서 복수은행을 거래하는 옛날의 우수고객과 릴레이션십 강화가 영업적으로 어려운 지점이 실적을 반전할 수 있는 좋은 계기가 될 수 있다.

영업점 경영을 힘들어하는 지점장에게 만기도래 고객과 기존 고객 관리를 철저히 하라고 주문한다. 이것만 최선의 노력으로 완벽하게 관리하여도 KPI 성적은 중간을 할 수 있다. 바쁘게 외부 영업을 통한 자산 증대에도 의미 있는 노력이지만 지점 내 직원들과 호흡을 같이 하면서 고객 관리에 완벽함을 추구하는 것이 생산성을 높이는 효율적 방법이다.

A 지점장은 B 은행에 근무하는 친구 지점장으로부터 실적 증대 요청을 받았다. 즉 B 은행의 캠페인 항목으로 종합 통장(한도 대출)을 신청해 달라는 것이다. A 지점장은 특별히 대출을 사용하지 않으면 이자 부담이 없어서 자금 사용에 대한 계획은 없지만, 대출을 신청하였다. 만기가 도래하여 B 은행 직원으로부터 전화를 받았다. 대출 설정이 어려운데 취급해 준

것으로 금리를 올리고 한도를 낮추겠다는 내용이었다. 대출만기 통지와 더불어 설명을 위한 대화가 상당히 교도적이고 권위적임을 느끼게 되었다. 종합 통장 대출약정은 삭제했지만, A 지점장은 자신의 지점 직원들이 저런 자세로 상담할지 매우 걱정이 되었다. B 은행의 친구 지점장은 이런 내용을 아직도 모르고 있다.

05. 영업의 기본은 약정기일 도래 고객의 관리

예금과 대출의 약정기일 관리는 고객과 새로운 접점을 만들 수 있는 매우 중요한 관리이다. 지점마다 관리에 대한 인식과 실행적 편차가 매우 크다. 지점장의 관심이 어디에 있느냐에 따라서 매우 철저히 관리되는 지점도 있고, 반대로 약정기일 관리에 대한 중요성을 인식하지 않는 지점과 인식은 가지고 있어도 실행이 매우 낮은 지점이 있다. 약정기일 관리는 금액의 과다를 불문하고 매우 중요한 고객과의 약속이다. '고객님과 계약한 예금(대출)의 약속일이 되었습니다.'라는 기본적 연락조차 하지 않는다면 금융기관의 기본적 서비스도 모르는 지점이다.

예를 들면, 손자 선물을 사주기 위해서 정기적금 10만 원을 가입하고 1년간 불입하여 만기가 되었다. 담당 직원은 10만 원이라는 금액이 소액이라서 별도의 약정기일 도래를 연락하지 않았다. 하지만 할머니에겐 정말 의미 있고 소중한 10만 원인 것이다. 만일 할머니의 예금액이 10억 원이라면 상황은 달라졌을 것이다. 금융업이 신용을 바탕으로 하는 영업이라는 관점에서 본다면 본업의 기본도 제대로 하지 못하는 것이다. 이런 현실 속에서 서비스 우수은행이라는 광고가 붙어 있다면 할머니에게는 그것이 어떻게 받아들여질까?

많은 종류의 일을 하는 직원들에게 모든 업무를 완벽하게 처리할 것을 요구하기에는 어려움이 있겠지만, 약정기일 관리를 위한 완벽한 업무 처리는 아무리 강조해도 지나치지 않다.

직원들에게 이러한 마인드가 형성되면 고객에 대한 인식과 서비스에 대해 남다른 정성을 가질 수 있다. 직원들이 고객의 약정기일 관리가 철저히 이루어지지 않는다면 업무의 시스템에도 문제가 있다. 대량의 업무를 줄인다는 측면에서 본점이 특정 부서(예: 마케팅 부서 또는 콜센터 등)를 만들어 일정 고객을 대상으로 약정기일 관리를 해주고 있다. 하지만 본점 관리의 문제점은 지점 직원들이 약정 기일 관리 업무에 대한 오너십이 부족해진다는 것이다. 자신이 담당하는 고객이니 자신이 직접 철저히 관리해야 한다는 책임감과 자신이 관리하지 않으면 누구도 관리 하지 않는다는 의식이 희박해지는 것이다.

약정기일 관리에 대한 본점의 시스템적 프로세스는 충분히 이해가 되고 큰 문제가 없는 듯 보이지만 실제 운용 면에서는 그레이존이 발생하게 된다. 지점장은 약정기일 관리 업무가 중요하고 체계적이며 효율적 관리가 필요하다고 생각하고 있지만 바쁘다는 사유로 제일 중요한 업무를 놓치고 있는 것이다. 지점장이나 직원들은 으레 적당히 하면 되는 업무라는 인식에서 벗어나 실질적이고 진정성 있는 관리로 전환되어야 한다.

어려운 환경에서도 영업에 우수한 성적을 올리는 A 지점장은 약정 기일 관리를 가장 중요한 업무로 선정하여 직원들에게 설명하고 직원들이 약정 기일 통지 등으로 얻게 된 정보(고객의 요청 사항, 니즈, 자금 사용 계획 등)를 시스템에 등록하도록 하였다.

A 지점장은 직원들이 등록한 내용 중에서 지점장이 영업적으로 지원할 내용을 체크 및 메모하여 주요 거래처를 방문하는 등의 적극적인 노력을 하였다. 그리고 시스템 등록을 통해 직원들에게 격려와 칭찬으로 소통을 원활히 하여 항상 KPI 평가 순위가 상위권을 유지하였다. 이런 사례에서 보듯이 성공적 영업점 운영의 핵심은 약정기일이 도래한 고객에게 철저히 연락함으로써 고객의 신뢰감을 높인다는 것이며, 직원들도 약정기일 관리 업무를 통해 고객의 예금과 대출 등 거래 상황을 나름대로 파악하여 연락하고 대화하는 과정에서 고객에 관한 공부가 자연스럽게 되었다는 점이다. 다음으로 직원들이 이런 과정을 통하여 고객 관리 내용을 시스템에 등록하면 지점장이 즉시 답장을 해줌으로써, 직원이 열심히 노력한 내용을 지점장이 알아주고 인정해 주었다는 점을 인식하게 한 것이다. 더불어 직원은 칭찬과 격려를 받는 과정에서 존재감을 인정받게 되고 시간이 지나면서 영업에 대한 자신감이 높아진다. 아울러 더 잘하려는 노력으로 업무에 대한 몰입도가 향상되고, 일에 대한 재미와 즐거움을 느끼며 더욱더 잘하려는 적극적 마인드로 전환된다.

'무엇을 하는 것'이 중요한 게 아니라 '어떻게 하는 것'이 더 중요하다. 어느 지점에서도 약정기일 만기도래를 가벼이 생각하는 지점장은 없다. 무엇이든 중요한 업무로 생각되면 시스템, 프로세스, 관리의 완벽함을 점검할 필요가 있다. 이런 한 가지 사항을 완벽하게 추구하는 과정에서 직원들의 일하는 습관이 변하게 되고 마인드 역시 바뀌게 되는 것이다.

지점장이 매일 회의 시간마다 약정기일 관리의 중요성을 역설하고 잔소리를 해도 잘 이행되지 않는다. 직원들에게는 시간이 지날수록 지점장의 잔소리로 들리는 것이다. 따라서 어떻게 잘 할 것인가를 철저히 고민하면서 디테일한 부분까지 챙기고 정성을 기울여야 한다. 고객의 약정기일 관리는 직원 모두가 완벽함을 위해 철저히 노력한만큼 만족스러운 결과와 성과를 얻을 수 있다. 지점 발전을 위한 노력은 이런 기본적인 업무에 직원들의 마음을 모으는 데서 출발된다.

06. DB(Data Base) System 활용

A지점장은 직원들과 업무 처리의 소통과 피드백을 은행에서 만든 관리 시스템을 중심으로 활용하였다. 직원들이 만기도래 고객 관리 내용 등을 시스템에 등록하도록 하고 개별적으로 노력한 내용을 꼼꼼히 읽어보고 수고와 격려의 리필을 달아 주는 방식으로 일관성 있게 노력하여 높은 성과를 창출하였다.

직원들도 이런 프로세스에 따른 업무 처리 방식이 처음에는 힘들었으나 점차적으로 익숙하고 숙달되었다. 그리고 지점장이 직접 리필을 달아주는 등 본인이 열심히 노력한 과정에 대하여 인정받음으로써 일에 대한 자긍심이 점점 높아지게 되었다. 아울러 성과로 창출되는 경험을 통해 직원들이 자신감과 성취감을 얻었던 것이다.

필자는 연초가 되면 매년 지점장을 대상으로 효율적 영업점 경영을 위한 강의를 하였다. 이 강의에서 매번 강조하는 말은 세심한 내부 관리를 통한 영업성과 창출 노력만으로도 KPI 경쟁 군에서 중위권 이상의 성적을 낼 수 있다는 점이었다.

각 지점들 가운데는 오랜 역사를 지닌 지점들이 많다. 지점을 개점한 지 오래된 지점은 고객에 대한 많은 정보를 가지고 있다. 아울러 대부분의 은행들이 전산화를 통한 고객 DB가 잘 구축되어 있으며, 데이터 검색 조건에 따라 다양한 고객 니즈의 대상을 찾을 수 있고 이를 마케팅에 충분히 활용할 수 있다. 구축된 DB에서 지점의 영업 환경에 적합한 마케팅 자료를 축출하는 것이다. 예를 들면 지점이 일반 주택가에 있다면 지점과 거리가 1킬로미터 반경의 40대 주부 고객을 선정하여 나잇대에 맞는 상품을 안내할 수 있고, 지점 인근의 영업 환경이 상업 지역이라면 중소 상인을 대상으로 판매 가능한 상품을 선정하는 등 고객 DB 자료로 데이터 검색 조건을 정교하게 선택하고 신뢰도가 높은 마케팅 대상을 선정하여 금융 니즈 제공과 신상품을 안내할 수 있다.

이런 전략적 노력을 추진하려면 지점장이든 부지점장이든 DB 사용의 Tool을 자유롭게 활용할 수 있어야 한다. 그리고 마케팅은 전 직원이 나누어서 함께 하면 된다.

특히 요즘은 모바일을 통한 금융거래 비중이 점점 높아지는 대신 내점 고객이 점차 감소하는 추세다. 따라서 기존 고객에 대한 정기적 신상품 안내, 만기도래의 약정기일을 완벽하게 관리하여 고객과의 접점 비율을 높이는 노력이 필요하다. 한편으로는 영업 환경 변화에 적극적으로 대응해야 한다. 비대면(非對面) 영업이 활성화될 수 있도록 정교한 마케팅 대상 고객을 선정하고 SMS와 인터넷 쪽지 발송 등으로 비대면(非對面)을 통한 상품 판매 실적을 획기적으로 증대할 수 있는 아이디어 개발도 노력해야 한다.

하위권 지점들의 업무 형태를 보면 지점장 또는 부지점장이 DB 자료 활용에 대한 중요성을 모르고 있다. 이런 스킬적 방법을 모른 채 원론적 업무 지시만 하는 것이다. '열심히 하자', '최선을 다하자' 등의 구호성 격려는 직원들의 마음에 와 닿지도 않으며 실적 증대를 위한 구체성이 떨어지고 꾸준한 성과 창출이 어렵다.

어려운 영업환경에서 틈새시장을 찾을 수 있다

A 지점장이 부지점장으로 근무할 때 직무 제도 변경으로 일선 창구에서 약 200명의 고객을 할당받아서 고객 관리와 더불어 마케팅 업무를 하였다. 고객 DB 자료의 추출과 가공을 통하여 직원별로 공정하게 할당하는 내부 관리 업무와 고객에 관한 상품 판매 등을 통하여 상품 안내에 대한 대화의 스킬도 배울 수 있었다. 이런 과정을 통하여 숙지된 역량이 지점장 역할을 수행하는데 큰 도움이 되었다. 그는 직원이 고객과 대화하는 몇 마디만 들어도 직원의 상담 역량을 알 수 있었다. 따라서 해당 직원의 발전을 위하여 조언을 해주고 때론 영업을 잘하는 직원이 있는 다른 지점에 보내서 배워 올 수 있도록 하였다.

아주 극단적인 일이지만 지점장이 업무를 모르고 업무 지시를 하면 해당 직원은 '자료추출이 안 된다.', '노력해도 성과 내기가 힘들다.', '⋯⋯ 안 됩니다.' 등 여러 가지 핑계를 대면서 노력하지 않는 경우도 있다. 따라서 지점장은 지점 경영에 필요한 제반 전산 자료 활용의 핵심적 스킬에 대하여 공부를 해야 한다. 앞에서도 말했듯이 요점 정리와 업무 스킬을 공부하며 노력하는 지점장은 어려운 영업 환경에서도 멋진 성과를 창출할 수 있다. 즉 영업의 틈새시장을 볼 수 있는 눈을 가지게 된다.

07. 비대면(非對面) 영업에 아이디어 집중

스마트 금융의 발달은 기존의 금융업의 판도를 빠른 속도로 바꾸고 있다. 핀테크(금융+기술을 결합한 신기술)를 통한 금융의 기술적 발달이다. 모바일 보급률 확대로 모바일 결제, 모바일 송금이 가능해지고 이제는 은행 업무의 많은 것을 스마트폰으로 처리할 수 있다. 반면 오프라인의 영업점을 방문하는 고객 수가 급속하게 감소하고 있다. 이에 따른 고민은 내점 고객이 줄어들면서 고객과 접점의 시점에서 신상품의 안내와 고객의 니즈 변화에 따른 정보 수집 등 고객과의 릴레이션십을 강화할 수 있는 절호의 기회를 잃어버리고 있는 것이다. 이런 관점에서도 앞서 강조한 만기도래 고객에 대한 완벽한 관리는 중요하다. 영업점을 방문하는 고객

수가 줄어도 마케팅 활동은 새로운 아이디어로 지속적이고 전략적으로 추진되어야 한다.

마케팅 대상 고객을 찾는 일은 은행의 데이터 활용 시스템을 이용하여 특정 대상 고객 군을 선정하여 찾을 수 있다. 요즘 말하는 빅데이터를 활용하는 정도의 수준은 아니지만, 마케팅 타깃 정보를 찾을 수 있도록 정형화된 여러 지원 시스템이 있다. 찾으려는 정형화된 검색 항목이 없으면 ICT 부서에 연락하여 검색 항목의 프로그램 작성을 요청할 수 있으며 완성된 자료를 요청할 수도 있다. 따라서 마케팅을 위한 참신한 아이디어와 실행 의지만 강력하다면 내점 고객이 적어서 안 된다든지, 하지 못하는 일은 없다. 다시 말해서 마음과 실행력이 있으면 모든 것을 다할 수 있다. 지점장은 직원들의 노력에 가성비 높은 성과를 올릴 수 있는 마케팅 항목을 선정하고 아이디어를 첨가하여 전략적 노력을 전 직원이 열정적으로 하는 것이 승패의 관건이 된다.

예컨대 초등학교에 입학하지 않은 8세 미만 어린이를 대상으로 금리가 높은 정기적금이라는 신상품이 출시되었다. 어떻게 영업을 할 것인가? 단순히 영업점을 방문하는 고객을 대상으로 홍보하고 실적 증대에 열심히 노력을 하여도 성과 창출에는 한계가 있다.

내점 고객 중 미취학 자녀를 가진 고객이 얼마나 되겠는가? 따라서 특정한 마케팅 대상을 찾아서 전략적인 노력이 필요한 것이다.

은행의 데이터 시스템을 활용하여 '지점 인근 주소지', '결혼기념일', '당점과의 일정 거래 규모 설정' 등의 검색 기준을 설정하여 마케팅 대상자를 축출하고 마케팅을 하는 것이다.

축출된 자료를 바탕으로 직원들에게 할당하여 TM(Tele marketing)을 통한 마케팅 영업을 할 수 있다. 다른 방법으로는 대상 고객들에게 SMS 또는 LMS를 발송하여 신상품의 핵심 내용을 알리고 신규 고객에 대한 프로모션 내용을 첨부하여 영업을 촉진할 수 있다. 인터넷 뱅킹을 통한 쪽지 발송 등이 있으나 요즘은 스마트폰을 통한 영업의 효율성이 제일 높다. 최근에 '일일 예금 신규명세서'를 보면 비대면(非對面) 상품 신규가 증가 추세에 있으며 앞으로는 급격한 증가가 예상된다. 도시에 사는 사람들의 세대 차는 2~30년이 된다. 스마트폰을 통한 첨단적 은행 거래를 하는 고객도 있지만, 이것과 전혀 관계없이 은행 업무를 처리하는 고객도 많다. 따라서 마케팅 항목에 대한 고객의 니즈와 행동 양식 등을 철저히 고민하고 마케팅 방법을 정해야 된다.

이렇게 꼼꼼하게 준비한 신상품 마케팅이지만 성과가 낮다면 재검토가 필요하다. 마케팅 대상의 적합성, 마케팅 자료 축출, 검색 항목의 적정성 그리고 상품 설명 시 핵심 내용과 특장점의 명료함 등을 자세히 검토해야 한다. 직원별 스피치 요령과 능력에 대하여 서로가 벤치마킹도 한다. 아울러 마케팅 역량이 뛰어난 직원들이 말하는 마케팅의 문제점과 실패 요인의 핵심 내용을 정리하고, 고객이 상품 신규를 거부하는 현실적 문제점을 파악하여 개선 방법을 찾을 필요가 있다. 추진 초반기에 저조한 실적이라는 어려움에 좌절하지 말고 끝까지 수정 보완하면서 일관되게 추진해야 한다.

직원들도 몇 번의 시행착오를 통하여 나름대로 요령과 방법을 체득해 갈 것이다.

위에서 기술한 각각의 방법에 대하여 지점장이 직접 검토하고 직원들과 효율적 마케팅을 위해 대화하고 개선하는 노력이 직원들에게는 지점장의 열정으로 보이고 최선의 노력을 해야겠다는 무언의 각오를 다지게 하는 과정이 된다.

반대로 지점장은 기업체 섭외 등 업무가 바쁘다는 이유로 담당 책임자에게 지시만 할 뿐, 성과 창출을 위해 노력한 직원에게 무관심하면서 '공자 왈 맹자 왈'처럼 '열심히 잘하자'만 강조하면, 이 신상품 판매 실적은 하위권을 맴돌게 될 것이다.

리더의 교육에 참여해 보면 항상 '리더의 솔선수범'을 강조하는 것도 이런 연유로 본다. 단순히 신상품 판매를 예시로 하였지만, 직원들과 함께하여 성과를 높일 수 있는 것은 단순한 노력이 아닌 과정적 노력을 디테일하게 분석한다면 모든 영업에 적용할 수 있는 아이디어가 될 것으로 본다.

08. 끝까지 물고 늘어져라

기업체를 대상으로 영업과 섭외를 한다는 것은 개인 중심의 리테일 영업과는 다른 면이 있다.

신규 기업체 섭외에 어려움을 느끼는 지점장들이 많다. 매년 KPI 목표 달성을 위하여 신규 기업체를 유치하여 증가한 여신 목표도 달성해야 되지만, 신규 기업체 섭외는 손익 목표 달성과 기업체 거래에 부수되는 제반 영업을 통하여 실적을 크게 증대할 수 있는 매우 중요한 영업이다. 신규 섭외, 업체 대상을 찾는 방법은 다음과 같다.

첫째, 기존 지점 거래 고객을 대상으로 찾을 수 있다
거래 고객 중에서 개인적 거래는 우리 지점에서 하지만 기업 거래는 타 은행과 거래하는 경우가 있고, 부인이 우리 지점을 거래하지만, 남편의 기업체는 타 은행을 거래하는 경우 등이 있다. 따라서 본인이든 가족이든 우리 지점과 거래 관계에 있는 고객 중에서 기업체 섭외 대상을 찾는다면, 신규 거래를 위한 대화가 원만하게 진행되고 친밀감 있게 접근할 수 있다.

일면식이 전혀 없는 기업체를 방문하여 섭외를 하기란 여간 어려운 게 아니다. 먼저 사람을 알지 못하기 때문에 신뢰감을 형성하는데 일정 부분 시간이 필요하다. 첫인사 방문에서부터 몇 번의 방문을 통해 서로가 차 한 잔을 나누는 신뢰가 형성되는 것이다.

은행의 데이터를 활용하여 섭외 대상 기업체 자료를 찾을 수 있다. 기업체 정보 검색을 통하여 먼저 '타행에 기업여신 거래가 있는 고객', '점주권 내 타행 대출을 가진 기업체' 등의 현황을 파악하는 것이다. 그리고 상담창구 직원들이 고객에 대한 릴레이션십과 상담 과정에서 알고 있는 기업체 정보를 종합하여 섭외 대상으로 선정하고 노력한다.

둘째, 기존 기업체 거래처 방문을 통하여 신규 거래처를 소개받을 수 있다

우리 지점을 거래하고 있는 기업체 대표와 친밀감이 형성되면 기업체 대표와 동종업종 또는 친분이 있는 기업체를 소개받을 수 있다. 은행 영업의 장점은 모든 기업체가 은행 거래를 필수적으로 하고 있다는 점이다. 이 경우에도 기업체를 소개받고 영업을 하게 되므로 기본적 신뢰감을 가지게 되고, 거래 관계가 전혀 없는 기업체를 찾아가는 것보다는 효율적 섭외 방법이 된다.

셋째, 기업체 정보를 제공하는 프로그램을 통하여 섭외 대상 기업체를 찾을 수 있다

섭외 업체 선정을 위해 많이 활용하는 기업 정보 검색 프로그램은 'CRETOP', 'KIS LINE', '대한 상공회의소', '은행연합회 정보' 등으로 출력 항목을 선정하여 언제든지 쉽게 자료를 추출할 수 있다.

이렇게 섭외 대상 기업체가 선정되면 은행 거래에 대한 니즈의 핵심을 파악하여 거래를 활성화하는 것이다.

은행 거래를 위한 기업체 대표들의 최대 관심사는 여신 금리다. 대부분이 금리에 대하여 민감한 기준을 가지고 있다. 지점장들도 섭외 성공과 실패를 금리에 따른 원인으로 든다. 틀린 말은 아니지만, 금리 외 요인을 찾고 금리의 한계점을 극복할 수 있는 마케팅 능력이 필요하다.

먼저 일정 규모 이상의 여신거래를 하는 기업체는 금융기관 거래 현황을 분석하여 제안 영업을 하는 것이 바람직하다. 금융전문가로서 금융 거래의 전체적 현황을 만들어서 섭외 기업체에 제안하는 것이다. 예컨대, A 기업체는 오랫동안 Q 은행을 거래해 왔다. 회사가 성장하면서 여신 금액도 증가하게 되고 이에 따른 담보물도 회사 건물과 대표의 개인 부동산 그리고 부인 명의 아파트까지 근저당권이 설정되어 있었다. 회사 건물 부동산의 가치가 상승하여 회사 건물의 담보물만으로도 전체 여신을 받을 수 있는 현황임에도 과거 여신거래 증가 과정에서 취득한 담보를 계속적으로 묶어 두고 있었다. 따라서 제안서 내용을 대표와 부인의 개인 담보물은 모두 근저당설정에서 제외하는 것으로 작성하여 섭외를 성공적으로 마무리하였다.

여신을 취급하는 과정이 되면 우리 지점과 타행에서 제시한 금리의 차이가 크지 않다면(고객의 금리 차에 대한 수용의 한계치가 있겠지만) 얼마든지 섭외를 성공시킬 수 있다. 문제는 대출 취급 과정에서 각별한 정성을 기울이고, 빠르고 명쾌한 결정을 하는 것도 거래를 성사시키는데 매우 중요한 요소이다. 우수한 지점장은 지점의 제시 금리가 타행보다 0.2~0.3% 높아도 기업체 유치에 성공하는 경우를 본다. 고객의 관점에서 금리가 높다는 것을 알지만 신속한 결정으로 새로운 사업에 대한 의사 결정을 빨리해 주었기 때문에 신뢰감이 가는 것이다. 결론적으로 금리가 조금 높아도 타 은행에서 찾을 수 없는 매력을 만들어 우리 지점에서 대출을 받을 수 있도록 해야 한다.

지점에서 지점장 전결로 여신 취급이 가능한 때도 있지만, 대부분은 여신 심사 부서로 심사 요청을 하게 되며, 지점과 심사 부서 심사역과 많은 논의와 논쟁이 있기 마련이다. 이런 과정적 측면 중에서 고객에게 필요한 핵심 내용을 정성스럽게 설명하고 고객을 위하여 최선의 노력을 하면 고객은 신뢰감을 느끼고 금리의 한계점을 극복하는 것이다. 기업체가 거래 은행을 이전하게 되면 부수되는 다양한 거래(요즘은 한계가 있지만, 직원들의 급여 계좌 이동 및 개인적 거래, 기업체의 인터넷 뱅킹, 대량 집금 거래, 기업 신용카드 등)가 점진적으로 함께 이동된다. KPI 항목 수가 많아서 기업체 섭외를 통하여 이전되는 부수 거래가 KPI 목표 달성에 적잖은 기여를 하게 된다.

신규 기업체 유치 섭외는 매우 중요하고 직원들의 사기를 높일 수 있는 영업 활동이므로 지점장은 심혈을 기울여 노력을 해야 한다.